Johannes Knippschild

# Es begab sich aber zu der Zeit…

## Geschichten zur Weihnacht

Johannes Knippschild

# Es begab sich aber zu der Zeit

Fantastische Geschichten

um die Weihnachtszeit

Impressum
Copyright © 2015 Johannes Knippschild

Herstellung und Verlag:
BoD – Books on Demand, Norderstedt
ISBN 978-3-7386-3783-0

# Inhaltsverzeichnis

# Prolog

Zum Weihnachtsfest, dem höchsten Fest der Christenheit, werden immer wieder sehr viele Geschichten erzählt. Die erste stammt von dem Evangelisten Lukas und sie beginnt mit den Worten: **Es begab sich aber zu der Zeit.**

Lukas hat seine Geschichte an Theophilus geschrieben, der eine hochgestellte Persönlichkeit in Rom, vermutlich ein Senator war. Es wird angenommen, dass er von Paulus zum Christentum bekehrt wurde und mehr über das Leben von Christus erfahren wollte. Darum hat er sich dann an Lukas gewandt, von dem Theophilus wusste, dass er Paulus auf einigen Reisen begleitet hat. Über Lukas ist mehr bekannt. Als Grieche in Antiochia geboren, wird sein Beruf als Arzt angegeben. Er erklärt sozusagen im Vorwort seines Evangeliums, dass er die verschiedenen Berichte sorgfältig geprüft hat. Es gab natürlich im 1. Jahrhundert nach Christus, als das Lukasevangelium entstand, noch nicht viele Menschen, die des Schreibens kundig waren, so dass viele Begebenheiten von Zeitzeugen mündlich überliefert werden mussten, bis sich jemand fand, der die Geschichte für so wichtig erachtete, dass er sie aufschrieb. Er musste aber auch in der Lage sein, zu schreiben. Lukas war als Arzt sicher ein gebildeter Mensch.

Seine Geschichte ist sehr bunt. Es kommen Menschen aller Bevölkerungsschichten darin vor, der Kaiser Augustus, der König Herodes, hohe Beamte, wie der Landpfleger aber auch einfache Leute, Hirten und der Wirt der Herberge. Die Tiere, die als Herde erwähnt werden, sind sicher Schafe und Ziegen gewesen. Dass auch Engel darin vorkommen, erhöht den Reiz dieser ersten Weihnachtsgeschichte.

Es verwundert darum nicht, dass auch spätere Weihnachtsgeschichten sehr fantasievoll sind. Das reicht von der kunstvollen Musiksprache Johann Sebastian Bachs im Weihnachtsoratorium und der Historia von der Geburt Jesu Christi, die Heinrich Schütz komponiert hat, über Das neugebor'ne Kindelein von Dietrich Buxtehude bis zu der eher volkstümlichen Tonsprache von Carl Orff. Aber auch Weihnachtslieder von Peter Cornelius, Krippenlieder von Joseph Haas oder Lieder von Hugo Wolf und Max Reger gehören zu den musikalischen Weihnachtsgeschichten. Auch bei den literarischen Erzählungen gibt es ein weites Spektrum an Geschichten von so unterschiedlichen Schriftstellern wie Erich Kästner, Karl Heinrich Waggerl, Manfred Hausmann, Kurt Tucholski, Joachim Ringelnatz  und Agatha Christie. Es muss nicht alles, was erzählt wird, wirklich wahr sein und es sollte nicht alles auf die sprichwörtliche Goldwaage gelegt werden. Hier ist auch viel dichterische Freiheit vorhanden.

So ist es auch mit dem vorliegenden Büchlein. Einige Geschichten sind  mit einem Augenzwinkern erzählt worden und sie sollten auch so gelesen und wahrgenommen werden.

Mit den verwendeten Namen verhält es sich so, dass sie vielleicht real existieren, das ist allerdings purer Zufall und nicht beabsichtigt. Sie haben mit den erzählten Geschichten nichts zu tun.

# Santa Claudia

Am 22. Dezember hatte Herbert Ahrens 2 ruhige Tage vor sich. Der Lehrer für Mathematik und Physik am städtischen Gymnasium hatte Ferien, alle in der letzten Zeit geschriebenen Arbeiten hatte er korrigiert. Seine Frau war nach Stuttgart zu ihrer Mutter gefahren. Diese lebte seit dem Tode ihres Mannes recht einsam und Gisela Ahrens wollte sie abholen, damit sie die Feiertage zusammen mit Tochter und Schwiegersohn verbringen konnte. Herbert erwartete sie am nächsten Tag zurück.

Er hatte sich gerade einen Tee gekocht und nahm nun die Zeitung zur Hand als die Türklingel ertönte. Er legte die Zeitung beiseite, ging in den Flur und öffnete die Haustür. Zu seiner Überraschung stand vor ihm eine weibliche Ausgabe des Nikolaus. Vielleicht etwas länger als schicklich, betrachtete er seinen Gast: Vor ihm stand eine hübsche junge Frau mit einer roten, mit weißem Pelz eingefassten und einem ebensolchen Bommel versehenen Mütze, unter ihre blonde Haare hervor sahen. Sie trug einen langen roten Mantel, der auch mit Pelz besetzt war. Den Mantel trug sie offen, so dass darunter ein roter Minirock und sehr wohlgeformte lange Beine zu bewundern waren, die mit einer schwarzen Strumpfhose bekleidet, in kurzen, mit Pelz besetzten Stiefelchen mit hohen Absätzen steckten. Sein Gegenüber hatte mit einem Lächeln seine aufmerksamen Blicke bemerkt und grüßte ihn nun mit den Worten: „Guten Morgen Herr Ahrens, ich führe im Auftrag der Zeitschrift Anna eine Befragung durch, darf ich auch Ihnen einige Fragen stellen?" Herbert besann ich auf seine guten Manieren und antwortete: „Treten Sie doch ein, Santa Claus", „Santa Claudia", verbesserte ihn die junge Frau.

Sie trat ein und ließ sich den langen Mantel abnehmen.
„Das Gespräch können
wir doch bei einer Tasse Tee führen", bot Herbert ihr an, was sie gerne annahm. Die Mütze

wollte sie allerdings nicht ablegen, dann ginge das Nikolaus Image verloren, so sagte sie. Sie setzte sich sehr anmutig in den angebotenen Sessel, dabei bewunderte der Lehrer ein weiteres Mal  ihre hübschen Beine und schämte sich innerlich dafür.

Nachdem sie einen ersten Schluck Tee getrunken hatte, eröffnete Santa Claudia das Gespräch mit den Worten: „Wie ich schon gesagt habe, möchte die Frauenzeitschrift Anna herausfinden, was  die Menschen von einem weiblichen Nikolaus halten. Dabei beziehen wir uns auf die allgemeine Erklärung der Menschenrechte, die am 10. Dezember 1948 von den Vereinten Nationen verkündet wurde. Dabei speziell auf Artikel 2 in dem es heißt: - Jeder Mensch hat Anspruch auf diese Rechte ohne Unterscheidung nach Rasse, Farbe, Geschlecht", hier unterbrach sie der Gastgeber indem er sagte: „Den weiteren Text können Sie sich sparen, er ist mir bekannt." „Und wie ist Ihre Antwort?" fragte Santa Claudia.

Herbert Ahrens hatte unausgesprochen schon für sich festgestellt, dass Santa Claudia optisch gegen jeden männlichen Nikolaus gewinnen würde. Laut beantwortete er ihre Frage indes so: „Da ist zunächst die Tradition. Bisher gab es keinen weiblichen Nikolaus." „Aber Traditionen werden doch ständig verändert", ließ sich sein Gast vernehmen. „Denken Sie nur an die Berufe, die früher traditionelle Männerberufe waren: Soldaten, Schornsteinfeger, Lokomotivführer, Piloten, Bauarbeiter. Alle diese Berufe werden heute auch von Frauen erlernt. Oder nehmen Sie den Sport: Marathonläufer, Fußballspieler oder Boxer waren in der Vergangenheit nur Männer. Diese Sportarten werden inzwischen sehr erfolgreich auch von Frauen ausgeübt. Dann die Politik, wissen Sie, wie viele weibliche Regierungschefs es gibt? Außerdem gibt es in Europa mehr Königinnen als Könige."

Dem Lehrer war klar, dass der erste Punkt des Streitgespräches klar an Santa Claudia ging. Nun war aber der sportliche Ehrgeiz in ihm erwacht und er hoffte, im weiteren Verlauf des Gespräches auch noch zu Punkten zu kommen. Darum sagte er nun: „Das mag ja alles richtig sein, aber hier geht es ja nicht nur um die Tradition. Die Geschichte vom Nikolaus ist eine geschichtliche Tatsache. Es geht doch um eine reale Person, den Bischof von Myra, der im 4. Jahrhundert gelebt und mildtätig gewirkt hat." „Ja, aber vergessen Sie nicht, dass es sich dabei um eine Legende handelt", antwortete seine Gesprächspartnerin. „Diese Legende stammt aus einer Zeit des absoluten Patriarchats. Es gab sicher auch sehr viele Frauen, die mildtätig gewirkt haben. Auffällig ist doch, dass auch noch der Weihnachtsmann den Kindern Geschenke bringt, gleich zwei Männer und weit und breit keine Frau."

Jetzt glaubte Herbert, einen Schwachpunkt in der Argumentation erwischt zu haben. „Und was ist mit dem Christkind?" fragte er. Sofort bedauerte er seinen Einwand, als er das Lächeln seines Gastes sah. „Bei dem Christkind handelt es sich doch um das Christuskind, also Jesus Christus als Kind. Und der war auch männlich", entgegnete Santa Claudia lächelnd. „Überhaupt besteht die ganze Weihnachtsgeschichte, wie sie Lukas erzählt hat, abgesehen von Maria, nur aus Männern. Maria konnte nur darum nicht von einem Mann verkörpert werden, weil sie ja den Heiland gebären musste und das konnte nun mal nur eine Frau. Aber fangen wir mit dem Engel an, der Maria die Botschaft überbrachte, dass sie ein Kind gebären soll. Er ist männlich, der Erzengel Gabriel. Dann kommt Joseph ins Spiel, ein Mann. Die Hirten auf dem Feld, alles Männer, die Weisen aus dem Morgenland werden auch als Männer dargestellt, Herodes, der Jesus nach dem Leben trachtet, ein Mann und schließlich der greise Simeon, der Jesus im Tempel auf seinen Arm nimmt ist natürlich ein Mann."

Herbert Ahrens wurde zunehmend klarer, dass er gegen die Argumentationen seines Gastes nichts ausrichten konnte, darum sagte er jetzt: „Ich gebe mich geschlagen, Santa Claudia ist sicherlich eine Notwendigkeit, die mich von jetzt an begleiten wird." Sie sah ihn wieder mit ihrem charmanten Lächeln an und fragte, ob er das für sehr schlimm hielte. „Natürlich nicht", antwortete der Lehrer, „vor allem, wenn sie sich in so reizvoller Gestalt präsentiert, wie ich es heute erleben durfte.

Santa Claudia erhob sich und bedankte sich für den Tee und die Gastfreundschaft. Herbert geleitete sie hinaus und half ihr im Flur in ihren roten Mantel. Er reichte er ihr die Hand, die sie ergriff, dann legte sie ihm einen Arm um die Schulter, küsste ihn rechts und links auf die Wangen und verschwand mit einem letzten Gruß durch die Tür.

Herbert Ahrens stand eine Weile regungslos im Flur, allein mit einem Hauch von Chanel. Dann ging er in sein Arbeitszimmer, wo er den Computer einschaltete. Er gab das Stichwort „Anna" in die Suchmaschine ein und klickte dann auf: - Das politische Magazin von und für Frauen. Darauf öffnete sich die Titelseite des Blattes, auf der ein Kommentar der Chef-redakteurin Dr. Claudia Bender stand und da-neben ihr Bild, ohne Nikolausmütze aber mit dem charmanten Lächeln, wie vor einer Stunde in seinem Wohnzimmer.

# Die gute Fee

Wenn man von Feen spricht, meint man gewöhnlich gute Feen, denn Gutes tun, das ist ihr Wesen. Eine ihrer besonderen Eigenschaften ist es, dass man sie nicht zu sehen bekommt, denn sie können sich unsichtbar machen. Wenn man doch einmal eine Fee sieht, weiß man nicht, dass es eine ist, weil man sie natürlich nicht erkennt. Außerdem sind Feen in der Lage, das Aussehen und die Stimme anderer Personen anzunehmen. Der Lebensraum der Feen liegt aber im Dunkeln.

Die gute Fee unserer Tage ist natürlich modern. Sie hat ein Büro in der Stadt mit Telefon, Fax und Internetanschluss. Natürlich kennt man ihre Adresse ebenso wenig wie ihre Telefonnummer. Die steht auch in keinem Telefonbuch.

Die Fee, von der wir hier erzählen, nennen wir sie einmal Feelizitas, saß einige Tage vor Weihnachten in ihrem Büro und dachte darüber nach, welche gute Tat sie noch vor den Festtagen tun könnte. Dabei war ihr klar, dass das Verhindern von Bosheiten natürlich auch gute Taten sind. Sie schaltete ihren Computer

ein und öffnete eine Seite, die nur Feen be-
kannt ist. Diese Seite enthielt eine Aufzählung
von weithin bekannten Fieslingen, die ihren
Mitmenschen das Leben schwer machen. Als
sie die Postleitzahl ihrer Stadt eingegeben hat-
te, verringerte und konkretisierte sich die Auf-
zählung. Hier standen jetzt nur noch die
stadtbekannten Exemplare, dieser Gattung,
die Auswahl war nicht mehr so groß.

Feelizitas suchte sich ei-
nen heraus. Das war der
Arzt Dr. Norbert Gansel.
Er hatte eine Praxis für
Allgemeinmedizin.  Weil
er sehr unfreundlich mit
seinen Patienten um-
ging, waren viele mit
der Zeit weggeblieben
und hatten sich einen
anderen Arzt gesucht.

Er hatte also keine große
Auswahl, als er sich
überlegte, wer einen
Termin am Tag vor Hei-
ligabend bekommen

sollte. Es waren folgende Patienten auf der Terminliste: Zunächst sollten vier Patienten zur Blutabnahme erscheinen, die Arbeit erledigten die beiden Helferinnen. Das war die ältere Arzthelferin Karin Braune und ihre junge Kollegin Birgit Hannemann. Dann sollte zunächst Sylvia Stockmann in der Praxis erscheinen. Sylvia war in einem Industriebetrieb als Schreibkraft beschäftigt. Sie saß zusammen mit einer Kollegin in einem Büro und erledigte die Schreibarbeiten, die den beiden Frauen von mehr als zwanzig Angestellten täglich auf ihre Schreibtische gelegt wurden. Sylvias Kollegin war seit zwei Wochen im Mutterschaftsurlaub. Seitdem erledigte sie die Arbeit alleine mit vielen zum Teil unbezahlten Überstunden. Nun war sie schon eine Woche krank, hatte Grippe mit leichtem Fieber, traute sich aber nicht, zu Hause zu bleiben.

Als zweiter Patient sollte Werner Becker erschienen. Werner war ein klassischer Hypochonder. Er hatte seit knapp einer Woche Husten und hatte schon mehrfach in seinem alten Krankheitslexikon nach der Ursache seines Hustens gesucht. Nun fand er, die Symptome deuteten klar auf Lungenkrebs hin.

Der dritte Patient, der erscheinen sollte, war Herbert Krause. Seine Krankengeschichte war einfach, er litt an Diabetes. Darum musste er regelmäßig erscheinen, damit seine Blutwerte überwacht und er mit Medikamenten versorgt werden konnte.

Dr. Gansel wollte nur bis zum Mittag in der Praxis bleiben, da hatte er noch Zeit für einen weiteren Patienten oder eine Patientin. Er suchte sich Christa Fischer aus, allein erziehende Mutter von zwei Töchtern, die sieben und neun Jahre alt waren.

Frau Fischer hatte Kreislaufprobleme. Sie litt unter hohem Blutdruck. Der Grund dieser Gesundheitsprobleme war, ihr geschiedener Mann hatte sich mit Dickfälligkeit und Sturheit so lange um Unterhaltszahlungen gedrückt, bis Christa schließlich resigniert aufgab und alleine für ihre Kinder sorgte. Das bedeutete, dass sie zwei Putzstellen betreuen musste. Das ging häufig über ihre Kräfte. Das Geld reichte auch selten aus. Insgesamt sollten also vier Patienten von dem Arzt behandelt werden, die anderen vier Patienten, die zur Blutentnahme kommen sollten, würden den Arzt nicht sehen, weil die Arzthelferinnen diese Arbeit erledigen würden.

Die Praxis wurde jeden Morgen um 8 Uhr von den beiden Helferinnen geöffnet, die dafür etwa eine viertel Stunde vorher erschienen und durch einen Seiteneingang die Praxis betraten. Dr. Gansel erschien um 9 Uhr und ließ sich zwischen der Abfertigung der einzelnen Patienten immer reichlich Zeit.

Feelizitas hatte nun folgenden Plan. Sie wollte am letzten Tag vor Weihnachten den Patienten den übellaunigen Doktor ersparen. Dafür wollte sie jeweils in der Gestalt des Arztes vorher den Patienten behandeln und ihn dann mit freundlichen Grüßen zum Weihnachtsfest verabschieden. Sodann wollte sie sich an stelle dieses Patienten in dessen Gestalt selbst von dem Arzt behandeln lassen. Der würde gar nicht bemerken, dass er nicht seine Patienten vor sich hatte.

Die beiden Sprechstundenhilfen betraten also vor 8 Uhr die Praxis durch den für sie bestimmten Seiteneingang, zogen sich um und öffneten um 8 Uhr die Praxis.

Vor der Tür warteten bereits zwei der Patienten, die zur Blutentnahme kommen sollten. Mit denen begab sich Karin Braune in das Labor und ließ sie auf den Stühlen davor Platz nahmen. Außerdem war auch Sylvia Stockmann erschienen.

Die andere Helferin, Birgit setzte sich an den Empfang. Hier nahm sie zunächst die Personalien von Sylvia Stockmann auf, die sie dann in das Wartezimmer schickte.

Die gute Fee beobachtete die Scene ohne selbst gesehen zu werden.

Zusammen betraten nun Werner Becker und die dritte Patientin zur Blutabnahme die Praxis, es war 8.30 Uhr. Der erste Laborpatient verließ die Praxis wieder.

Nachdem Birgit Hannemann Werner Beckers Personalien aufgenommen hatte, ging sie mit ihm in das Wartezimmer, wo sie nun Sylvia Stockmann in das Behandlungszimmer bat.

Wenig später erschien hier die Fee in Gestalt des Doktors, begrüßte die Patientin und äußerte ihr Bedauern, dass Sylvia nun kurz vor Weihnachten krank geworden war. Der vorgebliche Arzt untersuchte ihren Hals, sah in die Ohren, tastete die Mandeln ab und verordnete dann eine Medizin, die Sylvia Linderung verschaffen sollte. Dann wünschte er gute Besserung und ein frohes Weihnachtsfest. Sylvia traute ihren Ohren nicht, so freundlich hatte sie den Arzt noch nie erlebt. Dann wurde sie durch den Personalausgang nach draußen geleitet, damit sie nicht dem wirklichen Arzt begegnete, der ja noch nicht in der Praxis war. Feelizitas übernahm ihre Rolle im Behandlungsraum.

Um 9 Uhr erschien Dr. Gansel, er betrat die Praxis immer durch den Haupteingang und ging dann in sein Büro. Karin Braune nahm gerade der letzten Patientin das Blut ab. Außerdem kam Herbert Krause in die Praxis.

Um 9.20 Uhr betrat der Doktor grußlos das Behandlungszimmer, ließ sich kurz die Krankheitssymptome schildern, dann schrieb er ein Rezept auf, reichte es wortlos der vermeintlichen Patientin und verschwand wieder in sein Büro. Die gute Fee verließ als Sylvia Stockman die Praxis und war von der Tür an wieder unsichtbar.

Jetzt befanden sich außer dem Doktor zwei Patienten, seine zwei Helferinnen und die Fee in der Praxis, von deren Existenz jedoch niemand etwas wusste.

* * * *

Um 9.40 Uhr wurde Werner Becker durch die Arzthelferin in den Behandlungsraum gebeten. Karin Braune hatte das Labor gereinigt und verließ es nun. Im Wartezimmer saß nun nur Herbert Krause. Etwas später kam Christa Fischer dazu.

Kurz danach erschien Feelizitas als Dr. Gansel im Behandlungsraum und begrüßte den Patienten. Er ließ sich alle Beschwerden erklären, die darin gipfelten, dass er sicher Lungenkrebs hätte. Ganz vorsichtig erklärte der vermeintliche Arzt ihm, dass sich in der Blutprobe, die erst vor zwei Tagen entnommen worden war, keinerlei Anzeichen für eine Tumorerkrankung gefunden hätten. Dann redete er ihm ins Gewissen, dass es für seinen Allgemeinzustand nicht gut sei, sich solche Gedanken zu machen. Mit aufmunternden Worten und guten Wünschen für das kommende Weihnachtsfest verabschiedete er den Patienten durch den Personalausgang. Es war 10 Uhr.

Jetzt saß Feelizitas als Werner Becker im Behandlungsraum. Als Dr. Gansel dort erschien, sagte er anstelle einer Begrüßung: „Na, welche Krankheit haben Sie sich für heute ausgedacht?" Dann beschimpfte er ihn als kindischen Simulanten, der ernsthaft arbeitenden Menschen ihre Zeit klaut. „Gegen Ihren Husten holen Sie sich Hustensaft in der Apotheke und lassen sich am Empfang einen neuen Termin für Februar geben." Damit verschwand der Arzt in sein Büro und Werner Becker, alias Feelizitas verließ die Praxis. Es war 10.30 Uhr.

Mit Herbert Krause lief die Behandlung ebenso ab, wie zuvor mit den beiden anderen Patienten. Auch er wunderte sich über einen Dr. Gansel, der so freundlich war, wie er ihn noch nie erlebt hatte. Der richtige Arzt seinerseits verhielt sich so wortkarg, wie immer. Jetzt war nur noch Christa Fischer, die kurz zuvor hereingekommen war, in der Praxis. Karin Braune holte sie in das Behandlungszimmer. Inzwischen war 11.25 Uhr. Die beiden Frauen kannten sich schon lange und waren etwa gleichalt. Sie hatten ein gutes Verhältnis miteinander. Wenn die Sprechstundenhilfe den Blutdruck der Patientin maß, plauderten die Beiden häufig über Alltagsprobleme. Das machte die Patientin lockerer, der Blutdruck fiel dann meistens nicht so hoch aus, als wenn Christa schon, während des Anlegens der Manschette Angst vor dem Ergebnis hatte. Diesmal half dieser kleine Trick indes nichts. Das Ergebnis war 182/115. „O weh, da wird der Doktor wieder schimpfen", sagte die Patientin. „Das hat aber einen Grund, die Bank hat mein Konto gesperrt, weil ich es zu weit überzogen habe, da muss ich gleich noch hin, weil ich sonst nicht weiß, was ich meinen Kindern Weihnachten zu essen geben soll und vor dem Gespräch habe ich Angst."

Als nun Feelizitas in Gestalt des Arztes die Patientin begrüßte, raste ihr Herz bereits, der Schweiß stand ihr auf der Stirne. Der vermeintliche Doktor hielt ihre Hand fest und sagte: „Nun beruhigen Sie sich erst einmal. Ich kann mir denken, dass Sie Probleme haben, die Ihren Blutdruck in die Höhe treiben. Aber es gibt für alles eine Lösung. Dann maß er den Blutdruck noch einmal, sagte ihr das Ergebnis aber nicht und sagte nur: „Das ist zwar immer noch zu hoch, aber schon weit weniger, als Frau Braune eben gemessen hat. Wir ändern zunächst nichts an den Medikamenten. Wenn es Ihnen gelingt, Ihr Problem zu beheben, normalisiert sich auch Ihr Blutdruck." Der Arzt wünschte ihr und ihren Kindern ein frohes Weihnachtsfest und schickte sie durch den Personalausgang hinaus.

Als Dr. Gansel im Behandlungsraum erschien, saß dort die Fee in Gestalt der Patientin. Der auf dem Computer vermerkte Blutdruck betrug 132/80. Dr. Gansel knurrte etwas, das zufrieden klingen sollte und verabschiedete die Patientin, die durch den Haupteingang verschwand.

Jetzt waren keine Patienten mehr in der Praxis. Dr. Gansel verabschiedete sich ohne viele Worte von seinen beiden Helferinnen und verschwand.

Auf der Straße nahm Christa Fischer das Schreiben der Sparkasse aus ihrer Tasche. Als Sachbearbeiter stand dort der Name Walter Schulz, Zimmer 136. Das war sicher der Sachbearbeiter, den sie  bitten musste, dass sie

wenigstens einen kleinen Betrag für das Aller-
notwendigste für Weihnachten trotz der Über-
ziehung noch von ihrem Konto abheben dürf-
te.

Walter Schulz war bereits im Urlaub. Das wuss-
te Christa allerdings nicht. An seiner Stelle und
an seinem Schreibtisch saß nun die gute Fee.

„Guten Tag Herr Schulz", sagte Christa Fischer,
nachdem sie auf ihr Klopfen ein „Herein!" von
drinnen gehört hatte und eingetreten war.
Der Bankangestellte kam ihr entgegen, be-
grüßte sie freundlich und bat sie, Platz zu
nehmen. Christa setzte sich vorsichtig auf die
äußerste Kante des Stuhles. Sie war aufs Äu-
ßerste angespannt.

Der vermeintliche Walter Schulz begann das
Gespräch: „Das ist ja ein Zufall, dass Sie heute
zu mir kommen, ich wollte Sie nämlich gerade
anrufen". Als Christa ihn erstaunt ansah, fuhr
er fort: „Sie haben doch kürzlich einen kleinen
Ratenkredit bei uns abgewickelt. Dabei ist uns
leider ein Fehler unterlaufen. Christa Fischer
wurde zusehends blasser, gab es da noch ein
weiteres Problem? Sie merkte, dass ihr alle
Farbe aus dem Gesicht wich, ihre Knie zitter-

ten. Walter Schulz fuhr fort: „Die Monatsrate, die wir errechnet hatten, betrug 56 €. Die Mitarbeiterin, die den Vertrag geschrieben hat, hat wahrscheinlich sehr schnell getippt. Dabei kann es dann passieren, dass die zweite Zahl eher auf dem Vordruck erscheint, als die erste. Darum steht auf ihrem Vertrag jetzt nicht 56, sondern 65 €. Das haben wir auch beim Durchlesen des Vertrages vor der Unterschrift übersehen. Sie haben also während der Vertragslaufzeit von 36 Monaten jeden Monat 9 € zu viel gezahlt, das sind insgesamt 324 €. Bankintern habe ich das schon geregelt. Ich möchte aber nicht, dass die Kollegin, die das geschrieben hat, oder der Kollege, der es unterschrieben hat, Probleme bekommt. Darum möchte ich Ihnen den Betrag bar zurückzahlen." Damit nahm er einige Geldscheine und Münzen aus einem Schubfach seines Schreibtisches und zählte 324 € vor seinem Kunden auf den Schreibisch. „Wenn wir das so ohne Quittung regeln könnten, wäre mir das am liebsten." Damit schob er mit freundlichem Lächeln Christa das Geld zu, das diese, völlig irritiert, zusammen packte und in ihre Manteltasche steckte.

Christa Fischer stand vor dem Gebäude der Sparkasse, ihre rechte Hand hielt die Geldscheine umklammert. Sie hatte in der letzten halben Stunde eine Achterbahn der Gefühle erlebt, Angst, Zuversicht, Verzweiflung und schließlich Freude, alles war dabei. Sie konnte kaum glauben, dass sich ihr massives Finanzproblem nun so überraschend erledigt hatte.

Da öffnete sich die selbstöffnende Eingangstür der Sparkasse und heraus trat eine hübsche junge Frau mit freundlichem Gesicht, die nun Christa lächelnd ansah. „Dieses Gesicht kenne ich doch", dachte Christa Fischer, ihr fiel allerdings kein Name dazu ein.

Schließlich, die junge Frau war schon in einer Seitenstraße verschwunden, fiel ihr ein, dass sie die Augen erkannt hatte, es waren die Augen des Bankangestellten Schulz, die sie so freundlich angesehen hatten, als er ihr das Geld übergeben hatte.

# Rutschpartie

Julius Grohs war Buchhalter in einer kleinen Möbelfabrik. Sein Chef, Wolfgang Dreier verstand es, auch in Krisenzeiten immer wieder, Aufträge zu besorgen. Die Fabrik stellte vorwiegend Kleinmöbel her. Das waren zum Beispiel Büromöbel für Stadtverwaltungen, zu denen Wolfgang Dreier gute Verbindungen pflegte. In der Halle arbeiteten immer etwa 20 Möbelschreiner, die fast alle schon mehrere Jahre hier beschäftigt waren. Auch Julius Grohs konnte schon auf fast 20 Jahre Betriebszugehörigkeit zurückblicken.

In dem Bürotrakt, der an die Fabrikationshalle angebaut war, gab es neben den Büros für den Chef und seine Sekretärin Inge Martens, die auch die übrigen schriftlichen Arbeiten erledigte, einen Raum für den Buchhalter mit allen Akten, sowie einen Besprechungsraum.

Julius Grohs arbeitete gerne in diesem Betrieb. Er verstand sich gut mit allen anderen Beschäftigten, es herrschte dort ein gutes Betriebsklima.

Als er an einem Tag im November um 7.30 Uhr in sein Büro kam, lag dort ein Brief, adressiert an „Julius Grohs" auf seinem Schreibtisch. Als er ihn geöffnet hatte, dachte er, ihn hätte ein Schlag getroffen. In dem Brief stand unter Betreff: **Kündigung.** Julius konnte zunächst nicht weiterlesen, er bekam weiche Knie. Dann setzte er sich und las: „...wird der Arbeitsvertrag zum 31. Dezember beendet."

Mit dem Brief in der Hand ging Julius zu seiner Kollegin Inge in das Nebenzimmer. Die sah ihn mitleidig an und sagte: „Ich habe schon auf dich gewartet, der Chef hat mir den Text nicht diktiert, sondern auf Band gesprochen. Ich habe sofort gefragt, was das denn soll, Daraufhin hat er mir gesagt, dass sein Neffe Gerd, der sein Patenkind ist, seine Stellung verloren hätte und er ihn nun einstellen müsste, damit er wieder Arbeit hat. „Zwei Buchhalter kann unsere kleine Fabrik aber nicht verkraften." Julius wollte sofort zum Chef hineingehen, der war aber nicht da und würde auch erst am nächsten Tag wieder ins Büro kommen.

Als Julius am nächsten Morgen sofort zu seinem Chef gehen wollte, als der, den Mantel noch in der Hand, gerade sein Büro betreten hatte, wurde er von diesem zurückgewiesen. „Ich habe heute überhaupt keine Zeit", sagte er. Damit ließ sich der Buchhalter aber nicht abspeisen. Es entwickelte sich ein erregtes Gespräch, Wolfgang Dreiers Stimme wurde immer lauter. Schließlich sagte er: „Ich habe die Kündigungsfrist korrekt eingehalten, wenn Ihnen das aber nicht passt, können Sie auch sofort gehen."

Niedergeschlagen ging Julius in sein Arbeitszimmer zurück. Er saß an seinem Schreibtisch, sah auf das Blatt, das vor ihm lag und konnte nichts erkennen. Seine Berufslaufbahn war von einem auf den nächsten Tag zerbrochen worden.

* * * *

In den nächsten Tagen ging Julius Grohs zum Arbeitsamt, kaufte jeden Tag Zeitungen mit Stellenanzeigen und schrieb Bewerbungen. Es waren zermürbende Wochen voller Niederlagen, die dann folgten. Bei vielen Vorstellungen zu denen er geladen wurde, musste er erkennen, dass ihn wegen seines Alters niemand mehr einstellen wollte. So ging die Zeit vorbei. Sein letzter Arbeitstag sollte der 21. Dezember sein, dann kamen noch ein paar Urlaubstage. An diesem letzten Tag, einem Freitag, hatte sich Julius von der ganzen Belegschaft verabschiedet.

Wolfgang Dreier war vor dem Mittag in das Büro von Julius gekommen und hatte sich mit knappen Worten, aber guten Wünschen von ihm verabschiedet.

Julius räumte seine persönlichen Dinge aus dem Schreibtisch und ging nun zu seiner Kollegin Inge, um auch ihr Lebewohl zu sagen. Er hatte sich so lange beherrscht, aber jetzt flossen bei Beiden die Tränen.

Als er aus dem Haus trat, war es schon dunkel. Es hatte den ganzen Tag geschneit, auch jetzt herrschte noch starkes Schneetreiben. Julius musste sein Auto suchen, es war, wie alle anderen Wagen auch, von einer dicken Schneeschicht bedeckt. Es dauerte einige Zeit, bis er alle Scheiben vom Schnee befreit hatte. Als das Auto schneefrei war, stieg er ein und fuhr langsam von dem Parkplatz. Wege waren nicht zu erkennen.

Als er in die belebteren Stadtbereiche kam, wurden die Straßenverhältnisse etwas besser, hier waren schon Räumfahrzeuge durchgefahren. An einer Stelle im Außenbereich gab es eine Umleitung. Julius wurde auf Straßen geleitet, die ihm unbekannt waren. An der entscheidenden Stelle, als er wieder auf seinen ursprünglichen Weg zurückgeleitet werden sollte, übersah er das Umleitungsschild, weil es völlig zugeschneit war. Darum fuhr er nun aus der Stadt hinaus auf eine einsame Landstraße. Diese Gegend kannte er nicht. Er ahnte schon, dass er sich verfahren hatte und überlegte gerade, wo er wenden könnte, da machte die Straße einen überraschenden Bogen. Weil die Begrenzung unter dem Schnee verborgen war, kam er dem zugewehten Straßengraben zu nahe und rutschte mit dem rechten Vorderrad hinein. Julius stieg aus und besah sich die Situation. Ohne Hilfe würde er nicht wieder aus dem Straßengraben herauskommen. Es fiel ihm ein, dass er gerade an der Straße das Reklameschild einer Autoreparaturwerkstatt gesehen hatte. Im

Handschuhfach seines Wagens war eine Taschenlampe, die er nun herausholte und die Straße ein Stück weit zurückging.

Bald war er an dem Schild angekommen. Im Schein seiner Taschenlampe las er:

**Norbert Wagner  –  Autoreparaturen**
Service – Abschleppdienst – Reparatur
alle Marken, Niederdambach, Dorfstr 5
2 km,  direkt hinter dem Ortsschild
Tel. 06702/ 2738.

Julius nahm sein Handy aus der Tasche und gab die Telefonnummer ein. Noch ehe der Ruf durchging, meldete sich eine Männerstimme: „Womit kann ich dienen?" Schnell erklärte er seinem Gesprächspartner am Telefon, was gerade passiert war und dass er sich in der Nähe des Reklameschildes der Auto – Reparaturwerkstatt befände. „Ich bin in einer Viertelstunde bei Ihnen", kam die Antwort aus dem Telefon.

Auf dem Rückweg zu seinem Auto rief Julius noch seine Frau an, erklärte ihr sein Missgeschick, beruhigte sie aber damit, dass Hilfe schon unterwegs sei.

Das Schneetreiben hatte zum Glück aufgehört. Julius konnte die Straße bis zur nächsten Kurve erkennen. Dort erschien jetzt ein Pferdefuhrwerk. Als es näher kam, erkannte er zwei kräftige Braune, die einen Schneepflug zogen. Auf dem Bock saß ein bärtiger Mann mit einer altmodischen Pelzmütze auf dem Kopf. Als der Schneepflug den verunglückten Wagen erreicht hatte, ließ der Kutscher die Pferde halten, stieg von seinem Sitz und kam dann auf Julius Grohs zu. Mit den Worten: „Guten Abend, ich glaube, dass die Pferde den Wagen einfacher herausziehen können, als ein LKW, der auch wegrutschen kann", reichte er Julius die Hand.

Dann spannte er seine Pferde aus und geleitete sie rückwärts an Julius` Wagen. „Gut, dass Sie eine Anhänger – Kupplung haben", sagte er dann und hängte den Querbalken des Pferdegeschirrs daran. Jetzt nahm er seine Pferde am Halfter und während er beruhigend zu ihnen sprach, zogen die Tiere den Wagen langsam aus dem Graben heraus, bis er wieder mit allen vier Rädern auf der Straße stand.

Der Bärtige ging nun um das Auto herum und besah sich die Front, die voll Schnee war. Danach putzte er den Schnee von dem Auto, holte ihn mit seiner behandschuhten Hand auch aus dem Radkasten und stellte fest: „Es ist nichts beschädigt, Sie können wieder fahren."

Julius fragte nun: „ Was bin ich schuldig? Kann ich das bei Ihnen bezahlen?"

Der freundliche Helfer spannte gerade die Pferde wieder vor den Schneepflug und sagte: „Herr Wagner ist noch in seinem Büro." Dann schwang er sich wieder auf seinen Bock, rief den Pferden ein aufmunterndes „Hü" zu und fuhr mit dem Schneepflug weiter.

Julius Grohs setzte sich in seinen Wagen, startete ihn und schaltete das Licht an. Dann fuhr er langsam auf der nun geräumten Landstraße weiter. Bald hatte er das Ortsschild Niederdambach erreicht. Gleich hinter dem

Schild sah er die Gebäude der Autowerkstatt Wagner, zwei Hallen, die im Dunkel lagen, sowie ein Bürogebäude. Aus einem Fenster im Erdgeschoß fiel Licht. Julius parkte seinen Wagen auf dem Hof und ging dann auf das erleuchtete Fenster zu. Er sah hinein, dort saß ein Mann an einem Schreibtisch, der voller Papiere lag. Neben dem erleuchteten Fenster war eine Tür, die Julius nun öffnete und eintrat. Im dunklen Flur konnte er die Umrisse einer Tür erkennen. Nachdem er geklopft und von drinnen ein „Herein" gekommen war, trat er ein. Norbert Wagner, denn das war der Mann am Schreibtisch, sah von seinen Papieren auf. „Womit kann ich dienen?" Diesen Satz hatte Julius Grohs von dem Bärtigen mit den Pferden auch gehört, fiel ihm gleich ein. Er sah den Anderen an und sagte: „Ich möchte die Rechnung für das Herausziehen meines Wagens aus dem Graben bezahlen. Herr Wagner sah ihn amüsiert an und sagte: „Ich habe Sie nicht abgeschleppt oder irgendwo herausgezogen, unser Abschleppwagen mit der Winde steht schon seit Tagen in der Halle." „Das war ja auch kein Abschleppwagen, sondern zwei Pferde, die mich da herausgezogen haben."

Julius war jetzt etwas irritiert. Nun staunte auch Norbert Wagner, „Pferde, hier bei uns im Ort? Im ganzen Dorf Unterdambach und auch in Oberdambach gibt es keine Pferde mehr. Ich weiß das, weil die Bauern alle ihre Traktoren bei mir reparieren und warten lassen."

Da gab es offenbar ein Problem, mit dem alle Beide nicht gerechnet hatten. Jetzt lachte Norbert Wagner: „Dass jemand unglücklich ist, weil er sein Geld nicht loswerden kann, habe ich noch nicht erlebt." Auch Julius Grohs musste nun lachen. Er trat näher an den Schreibtisch heran und besah sich die Papiere, „Sie sind mit dem Jahresschlussbericht beschäftigt?" „Ja, aber mit dem vom Vorjahr", war die Antwort. Jetzt sah Norbert Wagner ganz bekümmert aus. „Haben Sie denn keinen Buchhalter?" fragte Julius. „Doch", war die Antwort, „Karlheinz hat lange bei mir gearbeitet, als er eigentlich in Rente gehen sollte, war er einverstanden, noch ein paar Jahre weiterzumachen. Er war allein, seine Frau war schon gestorben. Und dann passierte es, er war gerade an der Steuerklärung, dass er hier im Büro einen schweren Herzinfarkt bekam. Ich habe sofort den Notarzt gerufen, er war auch schnell im Krankenhaus, hat noch Glück im Unglück gehabt. Dann aber ist sein Sohn hierhergekommen und hat mich beschuldigt, an dem Herzinfarkt seines Vaters schuld zu sein. Er ließe es auch nicht zu, dass sein Vater auch nur einen Tag mehr bei mir arbeite. Ich konnte keinen Buchhalter bekommen und ließ die Steuererklärung erst einmal liegen. Aber nun sitzt mir das Finanzamt im Nacken, dabei habe ich von dem ganzen Kram keine Ahnung."

Julius sah von den auf dem Tisch verteilten Rechnungen und weiteren Papieren zu dem bekümmert dreinblickenden Mann und sagte: „Ich bin Buchhalter." „Aber vermutlich sind Sie in einem festen Arbeitsvertrag", antwortete der Werkstattchef. Jetzt sahen sich die beiden Männer an, „am ersten Januar bin ich arbeitslos", sagte Julius Grohs. „Wann können Sie anfangen?" fragte Norbert Wagner. „Morgen", war die Antwort. „Morgen ist Samstag, entgegnete Wagner. Julius Grohs sah seinen neuen Chef an und sagte: „Ich nehme an, dass auch Sie morgen hier sein werden."

Norbert Wagner kam um den Schreibtisch herum, reichte seinem neuen Buchhalter die Hand und indem er sie kräftig drückte, sagte er: „Sie hat mir der Himmel geschickt.

# Der Nikolaus

Der Marktplatz der kleinen Kreisstadt war Mittelpunkt und Herz der Stadt, wie es in den meisten Städten so ist. Um den Platz gruppierten sich giebelständige Fachwerkhäuser sowie die schön verzierten Hausfassaden der sogenannten Weserrenaissance. Die Mitte bildete ein munter plätschernder Brunnen. Die größten Gebäude am Marktplatz waren, das Rathaus und die Stadtkirche. Das Gebäude der Sparkasse war von einem Architekten geschickt zwischen die alten Häuser eingefügt worden.

In der Vorweihnachtszeit bekam der ganze Platz ein völlig anderes Gesicht als im Sommer. Die Geschäftsleute schmückten ihre Häuser mit Lichterketten und anderem weihnachtlichen Schmuck. Auch die Stadt beteiligte sich, es wurden kleine Buden für den Weihnachtsmarkt aufgestellt. Dieser wurde mit Beginn der Adventzeit eröffnet. Weil es schon früher dunkel wurde, verbreiteten die Lichter des Weihnachtsmarktes eine heimelige Atmosphäre. Die Straßenbeleuchtung war in dieser Zeit ausgestellt. Dazu kamen die verschiedenen Gerüche nach Lebkuchen, Glühwein und Spekulatius. Der Markt zog sich noch ein Stück in die auf den Markt zulaufenden Straßen hinein.

Am Montag nach dem ersten Advent, es war der 1. Dezember, erschien am Nachmittag ein Nikolaus auf dem Marktplatz. Er trug einen roten Mantel mit weißem sicherlich unechtem Pelzbesatz. Auf dem Kopf trug er eine eine Mütze, ebenfalls mit Pelzbesatz und einem weißen Bommel, darunter lugten krause, weiße Haare hervor. Da er einen dichten weißen Bart und einen ebensolchen Schnurrbart trug, dazu eine Brille, hinter der buschige, weiße Brauen zu sehen waren, konnte man nicht viel von dem Gesicht erkennen. Er schritt gemessenen Schrittes zwischen den Ständen dahin und grüßte mit gravitätischem Kopfnicken. Dann ging er auf einen kleinen Jungen zu, der ihm an der Hand seiner Mutter entgegenkam. Als er ihn ansprach, verstellte er seine Stimme, um sie tiefer und sonor klingen zu lassen, was wohl seiner Vorstellung von der Stimme des Nikolaus entsprach. Doch das ängstigte das Kind und es drängte sich an seine Mutter. Nikolaus strich nun dem Jungen über die Haare und schenkte ihm eine Tüte Gebäck. An dem Nachmittag wiederholte sich dieser Vorgang noch einige Male, dieser Nikolaus war sichtlich bemüht, freundlich auf die Kinder der Stadt einzugehen. Nach etwa einer Stunde war er wieder verschwunden.

Auch am Dienstag tauchte am Nachmittag irgendwann der Nikolaus zwischen den Ständen auf. Er ging auf die Kinder zu, verschenkte Süßigkeiten und Gebäck und verschwand nach geraumer Zeit wieder.

Rüdiger Eggers war erst im Oktober als Nachfolger des pensionierten Sparkassenchefs Walter Kruse zum Direktor gewählt worden und hatte am 1. November seine Stelle angetreten. Am Mittwoch, dem 3. Dezember, war er zu einem kurzen Gespräch im Rathaus beim Bürgermeister gewesen. Auf dem Rückweg in die Sparkasse begegnete er dem Nikolaus, den er mit ein paar launigen Worten begrüßen wollte. Dieser erwies sich jedoch als spröde und nickte nur huldvoll mit dem Kopf. Wieder zurück in seinem Büro, fragte Eggers seine Sekretärin: „Ist der Nikolaus von uns bestellt?" „Welcher Nikolaus?" war die Gegenfrage der Sekretärin. Eggers trat ans Fenster, wo er den Platz übersehen konnte und wies auf den Nikolaus, der sich gerade zu einem kleinen Mädchen hinunter beugte. „Den habe ich noch nicht gesehen, er ist wahrscheinlich von der Werbegemeinschaft" war die Antwort der Sekretärin. Später wurde der Nikolaus auf der Kundentoilette im Keller der Sparkasse gesehen. Der Mitarbeiter der Ihn dort sah, vermutete, dass Nikolaus auch Sparkassenkunde sei, sonst hätte er sicher die öffentliche Toilette im Rathaus benutzt.

Am Donnerstagnachmittag, es war der 4. Dezember, bahnte sich ein Fahrzeug seinen Weg durch die Stände des Weihnachtsmarktes, das die Aufschrift trug: Geld & Wert-Transporte, Es war ein Geldtransport für die Sparkasse. Der Fahrer hatte seinen Wagen gewendet und schob sich nun langsam rückwärts durch die Marktbesucher. Der Beifahrer war ausgestiegen und dirigierte seinen Kollegen mit Handzeichen. Der Nikolaus, der gerade mit einem kleinen Mädchen sprach, wurde gebeten, zur Seite zu treten. Nachdem das Mädchen noch eine Tüte mit Süßigkeiten bekommen hatte, verschwand der Nikolaus zwischen den Buden. Der Geldtransporter hatte seinen Standort erreicht, der Beifahrer öffnete die Hecktür und entnahm dem Wagen einen bereitgestellten Geldkoffer, aktivierte seine Gegensprechanlage, schloss den Wagen ab und begab sich in die Schalterhalle der Sparkasse.

Die Anlieferung von Geld war ein seit Jahren eingespieltes Verfahren: Der Mann mit dem Geld ging zu der Kasse in der Schalterhalle, der Kassierer rief seinen Vorgesetzten, den Hauptkassierer an, der wiederum verständigte den Direktor und die beiden Herren stiegen die Treppe hinunter. Nach kurzem Gruß gingen sie dann mit dem Geldboten hinunter in den Keller zu dem Tresorraum. Der Hauptkassierer schloss die Tür auf, alle Drei traten ein und zogen hinter sich die Tür ins Schloss. Im Tresorraum stand ein Tisch, auf diesen stellte der Geldbote seinen Koffer und nahm die Übergabe-Papiere aus einer Mappe, die er ebenfalls bei sich trug. Bankdirektor und Hauptkassierer hatten je einen Schlüssel für die schwere Tresortür. Diese ließ sich nur mit beiden Schlüsseln zusammen öffnen. Damit waren die Beiden gerade beschäftigt, als von allen unbeobachtet, leise die Tür des Tresorraumes geöffnet wurde und Nikolaus hinein lugte. Als er sah, dass keiner ihn bemerkte, weil ihm alle den Rücken zuwandten, rannte er in den Tresorraum hinein, schnappte den Geldkoffer, zurück durch die Tür, die er hinter sich zuschlug. Draußen klemmte er einen Holzkeil zwischen Tür und Fußboden.

Der Geldbote hatte als Erster reagiert. Er rannte hinterher und als sich die Tür nur einen spaltbreit öffnen ließ, warf er sich mit seinem ganzen Körpergewicht dagegen. Dadurch verkeilte sich die schwere Eisentür. Die Anderen warfen sich jetzt auch gegen die Tür. Dadurch wurde der Keil immer fester unter der

Tür eingeklemmt, so dass sie nicht mehr zu bewegen war.

Der Nikolaus steckte den Geldkoffer in seinen Sack, den er für die Süßigkeiten bei sich trug, rannte den Gang entlang und trat durch die Tür in den als Kundenparkplatz genutzten Keller. Hier stieg gerade ein Kunde aus seinem Auto und sah den Nikolaus eiligen Schrittes die Rampe hoch gehen. Draußen lief dieser durch eine kleine Gasse zu seinem Auto, das in der Bachstraße stand. Mit der Fernbedienung öffnete er den Wagen, klappte den Kofferraumdeckel hoch und warf Sack, Mantel und Mütze hinein. Dann setzte er sich an das Steuer und fuhr davon.

Inzwischen hatte der Geldbote über die Gegensprechanlage seinen Kollegen angerufen: „Wir sind überfallen worden, ruf sofort die Polizei." Der Hauptkassierer rief über sein Handy den Hausmeister zu Hilfe. Als dieser vor der Tür stand, entdeckte er den Holzkeil, der sich ohne Handwerkzeug nicht entfernen ließ. Erst mit Hammer und Meißel konnte er ihn herausschlagen.

Als die Polizei in der Schalterhalle erschien, waren die drei Überfallenen auch gerade dort angekommen. Es wurde erregt über den Vorfall debattiert. Außer den uniformierten Beamten erschienen zwei Kriminalpolizisten in Zivil. Es waren der Leiter des Dezernates Einbruch und Raub Werner Friedrichs und sein Mitarbeiter Karl Brandt.

Der Direktor ging auf die beiden Beamten zu und stellte sich vor. Werner Friedrichs sagte: „Haben Sie einen Raum, in dem wir alle Leute, Kunden und Mitarbeiter befragen können?" Rüdiger Eggers sagte, „wir können sofort in den großen Besprechungsraum gehen." Dahin wurden alle, die etwas zu dem Überfall sagen konnten, gebeten. Außerdem bat Friedrichs um eine Liste aller Mitarbeiter der Sparkasse. Zuerst befragten die beiden Polizisten den Direktor, den Hauptkassierer und den Geldboten. Von diesen ließen sie sich den genauen Tathergang schildern. Danach war der Hausmeister an der Reihe. Die Polizeibeamten schärften diesen von dem Überfall besonders Betroffenen ein, der Presse aus kriminaltaktischen Erwägungen keine Auskünfte zu erteilen. Auf keinen Fall sollte der Ort des

Überfalls erwähnt werden. Auch die Mitwirkung des Hausmeisters sollte solange verschwiegen werden, bis ein Tatverdächtiger gefunden sei. Die Presse wurde von der Polizei nur mit sparsamen Erklärungen abgespeist. Friedrichs und Brandt hatten einen sehr anstrengenden Nachmittag hinter sich, als sie am späten Abend die Sparkasse verließen. Als sie zusammen im Auto zum Präsidium fuhren, stellten sie fest, dass noch nicht erkennbar war, in welche Richtung ihre Ermittlungen gehen sollten. Einen Anhaltspunkt hatten sie noch nicht gefunden. Als sie sich voneinander verabschiedeten, sagte Friedrichs: „Geh´ doch morgen gleich die Liste der Mitarbeiter durch.“

* * * *

Karl Brandt war am Freitag als Erster im Büro. Als Werner Friedrichs auch erschien, nahm er sich zuerst die Zeitung vor. Unter einem Bild von der Vorderfront der Sparkasse stand als Überschrift. "Dreister Raub in der Sparkasse“ Dann stand dort, dass ein dreister Räuber, als Nikolaus verkleidet, bei der Geldübergabe von einem Geldtransport in der Sparkasse einen Betrag von rd. 1 Million Euro erbeutet hätte. Nähere Einzelheiten hat die Polizei zunächst noch nicht preisgegeben. Karl Brandt erschien dann in Friedrichs Zimmer und sagte nach kurzem Gruß: „Auf der Liste stehen nicht alle Bankmitarbeiter." „Wie kommst du darauf?" war die Gegenfrage. Karl setzte sich auf einen Stuhl am Schreibtisch des Chefs und erklärte: „Ich habe doch im letzten Jahr in meinem Haus einen größeren Umbau gemacht. Dazu brauchte ich ein Darlehn, das habe ich von der Sparkasse bekommen. Die Verhandlungen habe ich mit einem Herrn Grundmann geführt und der steht nicht auf der Liste der Mitarbeiter." „Vielleicht ist er nicht mehr in der Sparkasse beschäftigt, oder in eine Außenstelle versetzt", versuchte Friedrichs eine Erklärung. „Nein", sagte Karl Brandt, „ich habe hier noch seine Visitenkarte mit der Durchwahl, die habe ich angerufen. Es meldete sich ein Kollege, auf dessen Telefon der Apparat von Herrn Grundmann umgestellt ist. Der sagte, dass Herr Grundmann Urlaub bis Dienstag habe und am Mittwoch, dem 10. Dezember wieder im Dienst sei."

Friedrichs griff zum Telefon und rief das Vorzimmer des Direktors an. Die Sekretärin sagte ihm, der Chef sei in einer Besprechung, sie dürfte ihn nicht stören. „Ich kann ja mit Ihnen einen Termin vereinbaren," ergänzte sie. Werner Friedrichs musste an sich halten, um dem Vorzimmerdrachen nicht gleich seine Meinung zu sagen. Dann erklärte er: „Wir können das auch anders machen, wir können Sie und den Herrn Direktor auch vorladen, wenn wir der Meinung sind, dass Sie die Polizeiarbeit behindern. Dann schicke ich einen Streifenwagen und lasse Sie holen. Sie sollten es sich gut überlegen, ob Sie ihn nicht vielleicht doch stören können, schließlich hat es gestern bei Ihnen einen Bankraub gegeben. Die Ermittlungen sollten doch höchste Priorität haben."

Der Rückruf des Direktors kam umgehend. „Die Liste der Sparkassenmitarbeiter, die Sie uns gestern mitgegeben haben, ist nicht vollständig", begann Friedrichs das Gespräch. „Das stimmt, es fehlen die Mitarbeiter, die gestern nicht im Haus waren", antwortete der Direktor. Jetzt wurde die Stimme des Kriminalbeamten noch schärfer: „Ich habe um eine Liste Ihrer Mitarbeiter gebeten und nicht um eine von Ihnen vorgenommene Auswahl", war die kurze Erwiderung. Eine solche Zurechtweisung ist ein Bankdirektor nicht gewohnt, er wollte schon eine laute Antwort in das Telefon brüllen, besann sich dann aber, weil er begriff, dass seine Anordnung nicht richtig war. Er wollte keinen Streit mit der Polizei, darum sagte er zu, sofort eine Liste aller Mitarbeiter zu schicken, die gestern nicht im Haus waren. „Damit ist die Liste der Mitarbeiter dann aber komplett," beendete er das Gespräch.

Es dauerte nicht lange, dann tickte das Faxgerät und spuckte eine Seite aus, mit dem Briefkopf der Sparkasse. Darauf standen vier Namen:

Sabine Klaas, Fortbildung am 4.12.
Stefan Grundmann, Urlaub vom 26.11. – 9.12.
Gisela Meyer, krank seit 4. 12.
Michael Sprenger, krank seit 1. 12.

„Diese Liste ist interessanter, als die Befragung der gesamten Belegschaft der Sparkasse," stellte Werner Friedrichs fest. „Die Mitarbeiter, die gestern an ihren Schreibtischen saßen oder am Schalter standen, kommen als Nikolaus kaum in Frage", ergänzte sein Kollege. Da nur Sabine Klaas in der Sparkasse sein würde, mussten die drei Anderen in ihren Wohnungen aufgesucht werden.

Friedrichs und Brandt fuhren darum zunächst in die Sparkasse, um mit Frau Klaas zu sprechen. Bei der Gelegenheit wollten sie sich dann auch die Adressen geben lassen.

Sabine Klaas stellte sich als eine sympathische junge Frau heraus, die ihnen nicht nur über die gestrige Fortbildung bereitwillig berichtete, sondern auch gleich das Dokument vorlegte, welches ihre Teilnahme bestätigte. Es stellte sich heraus, dass sie in der Personalabteilung arbeitete, sie schrieb ihnen auch sofort die Adressen auf, um welche die Kriminalbeamten gebeten hatten.

Im Wagen sagte Karl Brandt: „Die Gisela Meyer könnten wir uns eigentlich sparen, als Nikolaus kommen sicher nur die Männer in Frage." Werner Friedrichs wollte aber keine Möglichkeit außer Acht lassen und darum nahmen sie Kurs auf die Wohnung von Gisela Meyer. Dabei kamen sie durch die Wagnerstraße, in der Michael Sprenger wohnte. Vor der Nr. 19 hielt Karl, der den Wagen fuhr, an und sagte, „wir können den Herrn Sprenger eigentlich auf dem Hinweg besuchen, jetzt sind wir schon einmal hier."

Als sie an der Wohnungstür von Michael Sprenger geklingelt hatten, mussten sie zunächst eine Weile warten. Dann hörten sie von drinnen: „Etwas Geduld bitte, ich kann nicht so schnell." Als die Tür geöffnet wurde, stand dort ein junger Mann im Trainingsanzug, dessen rechtes Bein bandagiert war. Er ließ die Beamten eintreten und bot ihnen Platz an. Er selbst musste sich auf zwei Krücken abstützen. Werner Friedrichs fragte zuerst, wobei er auf das Bein wies: „Wo haben Sie das denn gemacht?" „Ich spiele Fußball in der Landesliga", war dessen Antwort „bei unserem Spiel am Sonntag wurde ich gefoult, das tat gleich höllisch weh, ich konnte nicht weiterspielen, wurde dann ins Krankenhaus gebracht. Nach der Kernspint – Untersuchung stellte sich heraus, dass ich einen Kreuzbandriss habe. Das ist gestern operiert worden. Ich durfte aber nach der Operation das Krankenhaus verlassen, als ich wieder wach war. Mein Vater hat mich am Abend dort abgeholt."

Als die Beiden sich als Kriminalbeamten aus-wiesen, sagte Michael: „Dann geht es sicher um den Geldraub. Gestern habe ich davon noch nichts mitbekommen, wegen der Nachwirkung der Narkose. Als ich heute die Zeitung las, habe ich sofort meine Kollegen angerufen und gefragt, wie das alles passiert ist. Das ist ja ein tolles Stück."

Friedrichs und Brandt waren sich einig, dass dieser junge Mann nichts mit dem Überfall zu tun hatte. Sie hatten, ohne ein Wort sagen zu müssen, sich das mit Blicken zu verstehen ge-geben.

Sie verabschiedeten sich und wünschten gute Besserung. Über das Autotelefon wurde ihnen von den Kollegen im Präsidium mitgeteilt, dass ein Zeuge gesehen hat, dass der Nikolaus in großer Eile in der Bachstraße in einen VW Golf eingestiegen sei. Der Zeuge hatte das Kenn-zeichen aufgeschrieben, das sich Karl Brandt nun in sein Notizbuch schrieb.

Gisela Meyer war eine Auszubildende, der keine Krankheit anzumerken war. Sie war sichtlich verlegen und gestand schließlich, dass sie am Mittwoch auf einer Fete derartig versackt sei, dass sie sich am Donnerstag zunächst verschlafen hatte, dann aber auch nicht in der Lage war, zu arbeiten. Sie bat die Beamten, sie nicht zu verraten.

Wieder zurück im Auto sagte Werner Friedrichs: „Das hat uns alles noch nicht weitergebracht. Hoffentlich ist der Letzte auf der Liste nicht verreist." Diese Befürchtung war jedoch unbegründet. Stefan Grundmann öffnete den Beamten auf ihr Klingeln. Diese wiesen sich als Kriminalpolizisten aus und wurden herein gebeten.

Hier sagte Grundmann zu Karl Brandt: „Wir kennen uns doch", was Dieser bejahte, um fortzufahren: „der Grund unseres Besuches ist sicher klar, der gestrige Bankraub." Grundmann nickte. Werner Friedrichs fragte den Bankangestellten nun: „Sicher haben Sie schon mit Ihren Kollegen in der Bank telefoniert?" Als Grundmann nickte, fragte Karl Brand: „Mit wem?" Daraufhin beeilte sich der Sparkassenmitarbeiter zu erklären: „Nein, nein ich habe noch nicht angerufen, ich werde das gleich noch tun, ich war gestern nicht zu Hause." Die beiden Kriminalbeamten verzogen keine Miene. Friedrichs fragte: „Wo waren Sie denn gestern?" Darauf erzählte Stefan Grundmann, dass er in Münster auf dem Weihnachtsmarkt war. Friedrichs sagte nun: „Sie sind doch sicher schon lange in der Sparkasse?" Darauf erklärte Grundmann, dass er seit 32 Jahren dort beschäftigt sei. „Dann werden Sie sich doch sicher Gedanken darüber gemacht haben, wie es zu diesem Überfall kommen konnte, denn das war ja nicht die erste Geldlieferung. Da muss es doch eine Sicherheitslücke gegeben haben." Grundmann überlegte nicht lange, sondern sagte, dass die Überraschung sicher der wichtigste Grund für diesen Überfall war. Der Kriminalbeamte ließ nicht locker. „Welche Änderungen bei der Geldlieferung würden Sie vorschlagen, wenn Ihr Chef danach fragen würde?" fragte er. Darauf der Andere: „Es darf nicht passieren, dass alle der Tür den Rücken zukehren."

Nach ein paar Belanglosigkeiten, die zwischen den Gesprächsteilnehmern ausgetauscht wurden, verabschiedeten sich die Kriminalbeamten.

Im Wagen sagte Karl Brandt: „Den haben wir, der konnte doch gar nicht wissen, wo das passiert ist und dass alle Beteiligten mit dem Rücken zur Tür standen als der Nikolaus hereinkam, Wie nageln wir den jetzt fest?" „Zunächst fahren wir nach Münster", war die Antwort des Chefs. Über Autotelefon wurde dann alles geregelt, der Anruf im Präsidium und das Gespräch mit der Bitte um Amtshilfe mit den Kollegen in Münster. Friedrichs fragte, ob es am Bahnhof Schließfächer gäbe, was von den Kollegen aus Münster bejaht wurde. Er brauchte nicht weiter zu sprechen, sein Gesprächspartner wusste sofort, dass es um die Überwachungskamera ging, die alle Aktivitäten aufzeichnet, die sich an den Schließfächern abspielen.

Die Polizeibeamten in Münster hatten vorzügliche Arbeit geleistet. Als Friedrichs und Brandt im Zimmer der Kollegen ankamen, wurde ihnen das Band vorgespielt, auf dem zu sehen war, dass ein Mann einen Metallkoffer in ein Schließfach und eine Reisetasche in ein anderes hineinschob. An einer Stelle war auch das Gesicht des Mannes zu erkennen, den beide als Stefan Grundmann identifizierten. Mit einem Generalschlüssel wurden die beiden Gepäckstücke aus den Schließfächern geholt und den Kripobeamten übergeben. In dem Metallkoffer waren der Nikolausmantel, die Mütze, sowie 2 Nummernschilder eines Autos. Brandt stellte fest, dass es die von dem Zeugen weitergegebenen Nummern waren. In der Reisetasche war das Geld. Friedrichs bedankte sich bei den Kollegen aus Münster, dann trat er mit seinem Mitarbeiter Karl Brandt die Rückfahrt an.

* * * *

Stefan Grundmann war als Lehrling in die Sparkasse gekommen. Da er sowohl fleißig als auch enorm zielstrebig war, stieg er mit den Jahren auf der Karriereleiter immer höher, bis er mit der Leitung der Kreditabteilung beauftragt wurde. Bevor Walter Kruse, der Bankdirektor in den Ruhestand verabschiedet wurde, hatte er sich auch um diese Position beworben. Er glaubte, gute Aussichten zu haben und war darum sehr enttäuscht, als ihm ein "Externer", nämlich Rüdiger Eggers vorgezogen wurde.

Grundmann erkannte, dass das seine letzte Gelegenheit war, in eine solche Position aufzusteigen. Er hatte zwar ein gutes Gehalt, die Bezüge eines Bankdirektors waren aber doch eine ganz andere Klasse. Er sann darüber nach, wie er an das ganz große Geld gelangen könnte. Es fiel ihm nichts anderes ein, als die Bank um einen großen Betrag zu erleichtern, weil sie ja genug davon hatte.

\* \* \* \*

Es war etwa zwei Jahre her, da hatte Stefan Grundmann den Chef während eines längeren Krankenhausaufenthaltes vertreten. Dabei hatte er einmal eine Geldübergabe durch einen Geldtransport miterlebt. Diese große Geldmenge stand ihm jetzt noch einmal vor Augen und er beschloss, einen Plan auszuarbeiten, um an eine solche Summe zu kommen. Diese Gelegenheit wurde konkreter, als er herausfand, dass am 4. Dezember eine solche Geldlieferung erfolgen würde. Er fand im Internet ein Geschäft im Rheinland, das Karnevalskostüme, aber auch sonstige Verkleidungen, wie zum Beispiel als Nikolaus führte. Zu diesem Geschäft fuhr er und kaufte diese

Verkleidung. Dann nahm er seinen Resturlaub, so dass niemand Beginn oder Ende des Urlaubs mit der Geldlieferung in Verbindung bringen konnte.

Am 1. Dezember spielte er zum ersten Mal Nikolaus. Seine Verkleidung war perfekt, niemand erkannte ihn. Er hatte sich auch schon ausgedacht, wie er die Kollegen und die Mitarbeiter der Transportfirma in dem Tresorraum einsperren wollte. Von einer Autoverwertung hatte er von einem Unfallwagen die unbeschädigten Kennzeichenschilder gestohlen. In der Nacht zum 4. Dezember fuhr er mit seinem Auto in ein kleines Waldstück. Hier schraubte er die Schilder an und verkleidete sich als Nikolaus. Nach Mittag fuhr er dann in die Wagnerstraße, eine stille Siedlungsstraße, wartete bis die Straße leer war, dann stieg er aus, ging durch die kleine Gasse, dann um die Sparkasse herum und spielte den Nikolaus.

Das Schauspiel ging auch am zweiten und dritten Tag gut, er ließ sich auch schon mal als Nikolaus in der Sparkasse sehen. Dort ging er in den Keller, wo sich eine Kundentoilette, der

Zugang zum Kunden-Parkkeller und der Tresorraum befanden.

Am Donnerstag war dann der Tag der Geldlieferung. Seine Planung ging reibungslos vonstatten. Während die eingesperrten Männer vergeblich versuchten, die Tür zu öffnen, ging er eilig, aber nicht zu schnell durch den Parkkeller in die Wagnerstraße, warf seine Beute und die Verkleidung in den Kofferraum und fuhr davon.

Während Stefan Grundmann aus der Stadt hinaus Richtung Autobahn fuhr, raste die Polizei mit Blaulicht und Martinshorn auf anderen Straßen zur Sparkasse. Das Martinshorn war auch in Stefans Wagen zu hören. Er fuhr auf den ersten kleinen Parkplatz, der von der Autobahn aus nicht einzusehen und leer war. Hier tauschte er die Nummernschilder gegen die richtigen aus, packte das ganze Geld in eine große Reisetasche und das Nikolauskostüm einschließlich Perücke, Bart und Schnurrbart in den Geldkoffer. Dann legte er die falschen Nummernschilder dazu, säuberte sich mit einem feuchten Waschlappen sehr sorgfältig das Gesicht von der Schminke und fuhr jetzt wieder weiter Richtung Münster. Hier steuerte er den Bahnhof an, wo er mit seinem Gepäck ausstieg und zu den Schließfächern ging. Die Reisetasche wurde in ein und der Geldkoffer mit dem Kostüm darin in ein anderes Schließfach geschoben und Stefan Grundmann ging nun in aller Gemütsruhe aus der Bahnhofshalle hinaus.

In Münster gab es einen schönen Weihnachtsmarkt, hier hielt sich Grundmann etwa eine Stunde auf, ehe er wieder nach Hause fuhr.

Natürlich hatte er die Polizei erwartet, weil er mitbekommen hatte, dass die gesamte Belegschaft der Bank vernommen worden war. Darum war er äußerlich sehr ruhig bei dem Gespräch. Dass der eine Polizeibeamte darauf aus war, irgendwelche Fehler bei der Geldübergabe herauszufinden, irritierte ihn ein wenig, aber er sagte sich, die können mir nichts nachweisen.

Am Abend schellte es an Grundmanns Haustür, über die Videoanlage sah er, dass zwei uniformierte Polizisten vor der Tür standen. Er bekam einen riesigen Schreck, öffnete den

Beamten aber die Tür. Einer von ihnen sagte jetzt: „Würden Sie uns bitte zum Präsidium folgen! Ein Beamter folgte ihm, als er seinen Mantel holte. Er wurde in einen Vernehmungsraum gebracht. Auf dem Tisch stand ein Laptop. Jetzt kamen die ihm schon bekannten zwei Beamten herein und boten ihm Platz an. Brandt schaltete den Computer ein, man sah einen Mann mit zwei Gepäckstücken auf die Schließfächer zugehen. Als er nun in die Kamera sah, hielt der Beamte das Band an, Stefan Grundmann sah sein eigenes Gesicht, es war nicht zu leugnen. Zugleich kam ein weiterer Kripobeamter mit seiner Reisetasche und dem Metallkoffer, in dem Das Nikolauskostüm war in den Raum. Die Taschen stellte er jetzt auf den Tisch.

# Eine schöne Bescherung

Der 21. Dezember fiel auf den letzten Samstag vor Weihnachten, es war der Tag vor dem 4. Advent. Stefan Berger fuhr auf den Hof der Firma Berger, Hoch- und Tiefbau. Es war alles aufgeräumt, alle Baumaschinen, die sonst hier standen, hatte die Belegschaft in die Hallen gebracht oder gefahren. In der Nacht hatte es geschneit. Auf dem Hof lag eine dünne Schneedecke, die allerdings ein wenig matschig war. Stefan stellte seinen Wagen vor dem Bürogebäude ab. Er wollte nur die Post aus dem Briefkasten holen und dann in die Innenstadt fahren. Seit dem Tod seiner Frau vor drei Jahren, hatte er sich angewöhnt an diesem Tag seine Weihnachtseinkäufe zu erledigen.

Stefan ging auf die Tür zu. Auf dem verschneiten Hof waren Fußspuren zu sehen, die sicherlich der Briefträger hinterlassen hatte, denn sie gingen auf den Briefkasten zu, den er nun öffnete. Stefan entnahm ihm drei Briefe und zwei Weihnachtskarten. Mit der Post unter dem Arm schloss er die Bürotür auf. Er legte die Briefe und Karten auf seinen Schreibtisch und hängte dann seinen Mantel an die Garderobe.

Am Tag vorher hatte die Firma Berger ihr traditionelles Weihnachtsfest gefeiert. Wie in jedem Jahr war dazu von der Belegschaft im Aufenthaltsraum eine große Fichte aufgestellt und geschmückt worden. Stefan war dann zunächst in das Büro der Bauleiter und dann mit ihnen und seiner Sekretärin Susanne zusammen in den festlich geschmückten Raum zu seinen Männern gegangen. Wie in jedem Jahr hatte einer der Männer ein Weihnachtslied angestimmt. Diese Aufgabe übernahm gewöhnlich der Maurer Wilfried Klaas, der im Kirchenchor sang und eine schöne Stimme hatte. Dann hatte Stefan eine kurze Ansprache gehalten. Er hatte in einer Rückschau über die Bauten des vergangenen Jahres gesprochen, den Männern für ihren Einsatz gedankt und dann jedem eine Tüte überreicht, in der neben der Weihnachtsgratifikation auch noch etwas Gebäck verpackt war. Er setzte sich dann für eine Stunde zu seinen Leuten, sang mit ihnen noch ein Lied und trank ein Glas Punsch.

Wie in jedem Jahr hatte er auch mit seinen beiden Bauleitern, dem Maurermeister Berthold Fink, der die Hochbauabteilung leitete und dem jungen Bauingenieur Werner Ingental, der ihn in der Tiefbauabteilung entlastete, ein paar nette Worte gewechselt.

Stefan setzte sich an seinen Schreibtisch, öffnete die Post und legte sie den Mitarbeitern in ihre Postfächer. Damit war er schnell fertig. Susanne fehlte ihm. Nach dem Tode seiner Frau und auch schon in ihrem letzten Lebensjahr, als sie körperlich immer schwächer geworden war und er ihr sehr viel Zeit widmen musste, hatte Susanne ihn mit weiblicher Fürsorge sehr unterstützt. Von seinen Mitarbeitern war es hauptsächlich Berthold Fink, der den Terminkalender seines Chefs im Kopf hatte und ohne viele Worte für ihn einsprang, wenn das nötig war. Stefan erinnerte sich, dass die ganze Belegschaft sich sehr mitfühlend und hilfsbereit gezeigt hatte.

Als Susanne merkte, dass Stefan nach dem Tode seiner Frau morgens ohne Frühstück ins Büro kam, führte sie eine Neuerung in der Firma Berger ein. Sie schlug ihrem Chef vor, morgens, wenn die einzelnen Bautrupps den Hof verlassen, Stefan auch mit seinen Bauleitern über ihre Einsätze gesprochen hatte, dann mit ihr über die Termine des Tages zu reden, damit auch sie Bescheid wüsste, was am Tag so zu erledigen war. Diesen Termin verband sie dann mit einem gemeinsamen Frühstück. Sie deckte im Besprechungsraum den kleinen Tisch, Brötchen hatte sie schon auf dem Weg zum Büro gekauft, kochte Kaffee und erreichte so, dass Stefan wieder zu einem regelmäßigen Frühstück kam, bei dem sie nicht nur über die Arbeit miteinander redeten.

Dieses gemeinsame Frühstück fehlte ihm an diesem Samstag. Stefan Berger hatte im Büro alles erledigt, er konnte jetzt in die Innenstadt fahren und einkaufen. Der Schnee war auf den Straßen inzwischen zu einem braunen Matsch geworden. Stefan hatte hauptsächlich seine vier Enkel zu bedenken. Es waren zwei Jungen und zwei Mädchen. Seine beiden verheirateten Kinder und natürlich auch ihre Ehepartner bekamen Kleinigkeiten, die er so in Geschäften fand, ein Taschenbuch, Eintrittskarten für das Theater oder etwas Ähnliches.

Um die Mittagzeit stellte Stefan fest, dass er mit zufriedenstellendem Erfolg seine Einkäufe fast erledigt hatte. Er aß in einem Kaufhaus eine Kleinigkeit, nach alter Tradition wollte er den Abend bei Giovanni beschließen, zu dem er gerne ging, mit dem er sich inzwischen angefreundet hatte. Er stellte dann seinen Wagen in ein Parkhaus in der Nähe. Dort ließ er ihn über Nacht stehen, weil er sich zum Essen sicherlich einige Gläser Wein genehmigen und darum mit einem Taxi nach Hause fahren würde.

Als Stefan seine bereits fertig eingepackten Geschenke in den Kofferraum laden wollte, stellte er fest, dass er vergessen hatte, seine Messgeräte auszuladen, die er tags zuvor gebraucht hatte. Darum packte er die schön verpackten Geschenke auf die Rückbank des Autos.

Als der letzte Einkauf getätigt war, nahm er Kurs auf das Parkhaus. Es gab hier drei Etagen. Das Erdgeschoss schien schon völlig besetzt zu sein, darum steuerte er das erste Obergeschoss an. Auch hier fand er keinen freien Parkplatz, auch nicht auf dem zweiten Geschoss. Also fuhr er wieder zurück, machte eine Runde durch das erste Geschoss und landete dann wieder im Erdgeschoss. Jetzt sah er einen freien Parkplatz, der aber sehr schmal war, weil das Auto in der Parkbucht daneben auf dem Trennstrich stand. Stefan zirkelte seinen Wagen trotzdem ganz vorsichtig in diese Lücke. Als er durch den beengten Ausstieg nun seinen Wagen verließ, wischte er mit seinem hellen Mantel den Schneematsch von der Karosserie.

Er besah sich den Schaden, klopfte erst vorsichtig mit der Hand den losen Dreck ab, holte sein Taschentuch aus der Hosentasche und wollte gerade anfangen an dem Schmutz zu reiben, als eine Stimme sagte: „Das würde ich nicht tun." Stefan sah sich um, dort stand eine junge Frau und ergänzte nun: „Wenn Sie mit einem trockenen Tuch wischen, verteilen Sie den Schmutz auf eine größere Fläche und reiben ihn noch tiefer in den Stoff hinein." Sie öffnete jetzt ihre Handtasche und entnahm ihr ein Tuch, das offensichtlich zum Entfernen von solchem Schmutz besser geeignet war. Mit den Worten: „geben Sie mal her", streckte sie eine Hand aus und legte sich den Mantel über ihren linken Arm. Jetzt trat sie etwas näher an die nächste Lampe, um besser sehen zu können und ging mit dem Tuch vorsichtig dem Schmutz zuleibe. Stefan trat etwas näher heran und sah ihr zu. Sie arbeitete sehr fachkundig, wendete das Tuch mehrmals und er konnte sehen, dass der Schmutz mehr und mehr verschwand. Als nichts mehr von dem Fleck zu sehen war, hielt sie den Mantel prüfend zum Licht und sagte dann: „Ich glaube, so geht es vorerst."

Als Stefan einen Geldschein aus seinem Portemonnaie nahm, sagte die junge Frau: „Lassen Sie mir doch meine gute Tat."

Stefan Berger zog seinen Mantel an und bedankte sich herzlich bei der unbekannten jungen Frau. Dann ging er durch die nächste Tür des Parkhauses hinaus. Nach einigen Minuten erreichte er das „Ristorante Giovanni.

Als Stammgast wurde er von Silvio dem Kellner freundlich begrüßt und zu einem Tisch geführt, an dem er gerne saß. Silvio hängte seinen Mantel an die Garderobe, brachte mit der

Speisekarte auch gleich einen Grappa und sagte: „Salute." Giovanni hatte in der Küche viel zu tun, weil das Lokal gut besucht war.

Stefan aß mit Genuss und freute sich über die gelungenen Einkäufe. Als der Kellner gerade nach Dessert – Wünschen fragen wollte, kam der Chef selbst aus der Küche. Er brachte eine Karaffe mit Rotwein und zwei neue Gläser, setzte sich zu Stefan und sagte: „Wenn ich dich richtig kenne, trinkst du als Dessert gerne einen guten Schluck." Er hatte einen Barolo bereits dekantiert und stieß nun mit Stefan an.

Die Küche war inzwischen geschlossen, darum hatte Giovanni Zeit, mit Stefan zu plaudern. Nach einiger Zeit erklärte dieser schließlich, dass es nun an der Zeit sei, das Lokal zu verlassen. Silvio brachte seinen Mantel. Als Stefan diesen angezogen hatte und in die Taschen fasste, vermisste er sein Schlüsselbund. Er ging zur Garderobe und suchte auf der Erde, ohne Erfolg. Stefan suchte nun in allen anderen Taschen und wusste bereits, dass er seine Schlüssel hier nicht finden würde, weil er sie immer nur in die Manteltasche steckte.

Er wollte nicht glauben, was immer wahrscheinlicher wurde: Die junge, hilfsbereite Frau hatte sein Schlüsselbund aus der Manteltasche entwendet. Es hatte nun keinen Sinn, ein Taxi zu rufen, denn sein Hausschlüssel war auch an dem Schlüsselbund. Sein Sohn David hatte einen Zweitschlüssel von seinem Haus. Hoffentlich ist er noch nicht im Bett, dachte Stefan, als er nun seinen Sohn über das Handy anrief. David meldete sich sofort. „Ist etwas passiert", fragte er. „Ja", antwortete sein Vater, „aber das erzähle ich Dir, wenn du hier bist. Kannst du mich von Giovanni abholen? Und bring doch bitte den Zweitschlüssel von meinem Haus mit."

David Berger erschien wenig später in dem Restorant. Stefan verabschiedete sich von seinen italienischen Freunden und stieg in den Wagen seines Sohnes ein. Hier erzählte er mit knappen Worten, was er erlebt hatte und was er befürchtete. „Sehen wir aber zuerst im Parkhaus nach, ob mein Wagen wirklich nicht mehr da ist", schloss er seinen Bericht. Hier bestätigte sich der Verdacht, sein Auto war nicht mehr da.

„Sollen wir nicht gleich zur Polizei fahren?" fragte David seinen Vater. Der aber war müde und wollte das Erlebte erst einmal überschlafen. Als sie an seinem Haus angekommen waren, stieg Stefan aus dem Wagen aus, bedankte sich bei seinem Sohn und nahm den Zweitschlüssel in Empfang. Er war deprimiert, weil er sich in der jungen Frau getäuscht hatte. Während er seine Haustür öffnete, musste er sich eingestehen, dass ihn seine Menschenkenntnis im Stich gelassen hatte. Er schaltete das Flurlicht ein und glaubte erst an eine Halluzination , denn in der Diele standen

 sauber auf dem Boden nebeneinander aufgestellt, alle Geschenke, die er in der Stadt gekauft hatte.

An die Wand angelehnt sein Nivelliergerät, die Messlatte, das Stativ und das Bandmaß aus dem Kofferraum des Wagens. Auf dem Garderobenschrank lag sein Schlüsselbund, darauf lag ein Zettel. Stefan trat näher heran, dort stand in Druckbuchstaben:

Bitte rufen Sie nicht die Polizei, Sie bekommen Ihr Auto bestimmt wieder.
Anna

Stefan stand in der Diele mit dem Zettel in der Hand, er wendete ihn, die Rückseite war ein Kassenzettel von ALDI. Das half nicht weiter. Sein Sohn kam jetzt hinter ihm her und staunte auch. Dann sagte sein Vater: „Das ist ja eine schöne Bescherung!"

\* \* \* \*

Anna Malinska war zwanzig Jahre alt, als sie Krzysztof Schabovski bei einer Tanzveranstaltung kennenlernte. Der gutaussehende junge Mann forderte sie immer wieder zum Tanzen auf. Im Gegensatz zu den anderen Jungen, die sich ungelenk und hölzern bewegten, tanzte Krzysztof geschmeidig mit viel rhythmischem Gefühl. Anna, die gerne tanzte, gefiel das sehr.

Sie trafen sich in diesem Sommer häufig, auch wenn es keine Tanzveranstaltung gab. Nach einem halben Jahr waren sie sich einig, dass sie zusammen bleiben und heiraten wollten. Krzysztof hatte keine Verbindung mehr zu seinen Eltern. Anna bedauerte das, weil ihr Vater bereits gestorben war und sie mit ihrer Mutter allein lebte. Sie hatten eine kleine Wohnung in einem Vorort von Wroclaw.

An der Hochzeit von Anna und Krzysztof nahmen außer Annas Mutter nur eine Freundin von Anna und ein Freund von Krzysztof als Trauzeugen teil. Das junge Paar fand eine Wohnung in der Nähe der Wohnung von Annas Mutter. Nach einem Jahr bekam Anna ein Baby, es war ein Mädchen. Die glücklichen Eltern nannten es Maria.

Für das junge Paar, das bisher glücklich und unbeschwert gelebt hatte, veränderte sich nun viel. Anna musste ihre Tätigkeit in einer Drogerie aufgeben. Sie hatten für ihre Tochter auch allerlei Ausgaben. Bisher hatten sie zwei Gehälter für zwei Personen, nun musste ein Gehalt für drei Personen ausreichen. Dazu kam, dass Maria ihre Eltern oft nachts weckte. Krzysztof begann damit, öfter am Abend noch einmal auszugehen. Er saß dann mit Freunden noch lange in einer Wirtschaft zusammen und kam dann oft spät und manchmal betrunken nach Hause.

Eines Tages kam Krzysztof von der Arbeit heim und sagte, dass man ihm gekündigt habe und er nun arbeitslos sei.

Nun folgte eine sehr schlimme Zeit für das junge Paar, Geld fehlte eigentlich immer. Krzysztof gab seine Kneipenabende darum aber nicht auf. Bei solch einem Wirtshausbesuch lernte er einen jungen Mann kennen, der berichtete, dass er nach Deutschland gezogen war, weil dort viel mehr Geld zu verdienen sei. Das wollte Krzysztof nun auch versuchen. „Wenn ich in Deutschland eine Arbeit bekomme, schicke ich euch jeden Monat mehr Geld, als ich hier in Polen verdient habe", erklärte er Anna.

Gleich am nächsten Morgen fuhr Krzysztof nach Berlin.

Anna wartete zwei Tage, dann rief sie ihren Mann über sein Handy an. „Nein, ich habe noch keine Arbeit", sagte Krzysztof auf die Frage seiner Frau. Immerhin gab er ihr aber eine Adresse an.

Annas Vermieter meldete sich, weil Herr Schabovski zwei Monatsmieten schuldig sei. Anna kündigte daraufhin die Wohnung und zog mit Maria zu ihrer Mutter. Von den Möbeln konnte sie immerhin etwas verkaufen und damit einen Teil der rückständigen Miete bezahlen.

Sie hatte Krzysztof einen langen Brief geschrieben, der allerdings zurückkam, mit dem Hinweis: Nicht zustellbar. Danach versuchte sie mehrmals vergeblich, Krzysztof über sein Handy zu erreichen. Sie hörte immer die gleiche stereotype Nachricht: „Kein Anschluss unter dieser Nummer." Anna musste erkennen, dass ihr Mann seine kleine Familie offenbar bewusst verlassen wollte.

Sie ging zu ihrer letzten Arbeitsstelle, der Chef hatte aber inzwischen für sie eine junge Frau eingestellt, mit der er sehr zufrieden war. Selbst eine Putzstelle konnte sie nicht bekommen.

Seitdem Anna bei ihrer Mutter wohnte, konnte sie sonntags wieder in die Kirche gehen. Die beiden Frauen gingen abwechselnd, die eine in die Frühmesse und die andere in den Spätgottesdienst um elf Uhr. Als Anna einmal aus der Spätmesse kam, wurde sie von einer anderen Besucherin angesprochen: „Guten Morgen Anna, erkennst du mich nicht?" Anna sah die junge Frau aufmerksam an, dann sagte sie: „Barbara?" „Ja" war die Antwort, es war eine Schulfreundin, die Anna schon viele Jahre nicht mehr gesehen hatte. Am Nachmittag trafen sie sich zu einem Spaziergang, zu dem Anna auch ihre kleine Tochter mitbrachte.

Die beiden jungen Frauen erzählten sich gegenseitig, wie es ihnen nach der Schulzeit ergangen war. Während Anna das Scheitern ihrer erst wenige Jahre dauernden Ehe beklagen musste, konnte Barbara durchweg Positives berichten. Sie hatte erst in Polen eine Lehre als kaufmännische Angestellte gemacht. Nach der Lehre wurde sie allerdings von ihrem Arbeitgeber nicht übernommen. Durch Zufall hatte sie von einem Arbeitgeber in Deutschland gehört, der Verwaltungskräfte suchte. Da sie schon in der Schule Deutsch gelernt hatte, so wie Anna auch, wurde sie eingestellt und fühlte sich in dieser Stelle sehr wohl. Sie bot Anna an, wenn sie auch in Deutschland arbeiten möchte, ihr bei dem Start zu helfen.

Anna besprach alles mit ihrer Mutter und bereits eine Woche später fuhr sie mit dem Zug nach Deutschland. Barbara wohnte in der Nähe von Hannover. Sie holte die Freundin vom Bahnhof ab. Zunächst sollte Anna bei ihr wohnen, bis sie eine Arbeit gefunden hätte. Barbara nahm sich einen Tag Urlaub und half der Freundin bei der Anmeldung, sie ging mit ihr zum Arbeitsamt und meldete sie bei einem Sprachkurs an.

Zunächst bekam Anna nur eine Putzstelle in einem Großhandel für Drogerie Bedarf, sie tröstete sich aber damit, dass sie im Laufe der Zeit sicher noch eine bessere Stelle finden würde. Die Putzstelle wurde auch gut bezahlt.

Da Anna im Grenzbereich zu Deutschland wohnte, konnte sie zwar schon gut deutsch sprechen, an der Grammatik ließ sich aber sicher noch etwas verbessern. Darum stimmte sie auch zu, als Barbara ihr den Sprachkurs empfahl. Hier hatte sie wenige Schwierigkeiten, weil sie schon in der Schule in Deutsch immer eine gute Note bekommen hatte. Einmal unterhielt sie sich noch nach dem Unterricht mit ihrer Lehrerin, als die Teilnehmer des nächsten Kurses schon den Raum betraten. Die Lehrerin hielt sie für eine neue Kursteilnehmerin und sprach sie darum an. Als Anna sagte, dass sie an diesem Kurs auch interessiert sei, wurde sie eingeladen, einfach einmal mitzumachen.

So kam es, dass Anna nicht nur sehr erfolgreich einen Sprachkurs absolvierte, sondern auch lernte, mit einem Computer umzugehen.

An ihrer Arbeitsstelle gab es zwei Kolleginnen, die damit beschäftigt waren, Aufträge und Rechnungen zu bearbeiten. Helga, die Ältere war verheiratet und im vierten Monat schwanger. Die jüngere Kollegin hieß Christine. Mit ihr verstand sich Anna besonders gut. Seitdem sie in dem Computerkurs mitmachte, war sie daran interessiert, womit die beiden kaufmännischen Angestellten in dem Büro beschäftigt waren. Die Bestellungen wurden zu Aufträgen für das Lager zusammengestellt und anhand der Lieferscheine wurden die Rechnungen geschrieben.

Anna und Christine unternahmen manchmal nach Feierabend etwas zusammen. Dann wartete Anna, die früher mit ihrer Arbeit fertig war, auf die Kollegin. Da Helga immer pünktlich ihren Arbeitsplatz verließ, hatte Anna es sich angewöhnt, dann für Christine an Helgas Computer einige Rechnungen zu schreiben, damit ihre Freundin dann auch Feierabend machen konnte.

Als Helga sich krank meldete, musste Christine Überstunden machen. Anna fragte, ob sie ihr helfen sollte. Christine war nur zu gern einverstanden. Am zweiten Tag stand der Chef, Felix Franke auf einmal hinter Anna und fragte: „Was machen Sie denn da?" Sie erschrak und wusste nicht, ob es ihm recht war, sie hatte ja nicht gefragt. „Ich wollte Christine nur helfen", sagte Anna, „aber wenn es Ihnen nicht recht ist, mache ich das nicht mehr." Der Chef sah sich die Seiten an, die Anna geschrieben hatte und fragte: „Wieso können Sie das denn?" Anna nickte unsicher. „Dann müssen Sie die Stunden aufschreiben, damit ich sie Ihnen bezahlen kann", sagte Herr Franke.

Mit der Zustimmung des Chefs schrieb Anna nun öfter stundenweise im Büro und als für Helga die Babypause begann, durfte sie ihre

Stelle übernehmen. Für die Reinigungsarbeiten wurde eine neue Arbeitskraft eingestellt.

Am 15. Dezember wurde Anna zum Chef gebeten. Felix Franke kam ihr entgegen, bat sie Platz zu nehmen und sagte: „Zunächst möchte ich Ihnen mal sagen, wie zufrieden ich mit Ihnen bin. Seitdem Sie hier bei uns im Büro arbeiten, steigen Ihre Leistungen und damit auch meine Zufriedenheit." Er war auch an ihren persönlichen Verhältnissen interessiert. Dann nahm er einen Umschlag von seinem Schreibtisch und sagte: „Das ist die Weihnachtsgratifikation, sie ist ein Dank für ihre gute Arbeit in diesem Jahr."

In den beiden folgenden Jahren war es in jedem Jahr das Weihnachtsgeld, das Anna in die Lage versetzte, die Fahrkarte für die Heimfahrt zum Weihnachtsfest zu bezahlen und dann auch noch etwas für Geschenke übrig zu haben.

Sie hatte ihren polnischen Führerschein umschreiben lassen und konnte mit dem Wagen der Firma oft besonders dringend benötigte Waren ausliefern. Diese Bereitschaft schätzte Herr Franke besonders an ihr.

Im dritten Jahr ihrer Zugehörigkeit zu der Firma gab es jedoch eine gravierende Umstellung. Felix Franke gab aus Krankheitsgründen und weil er fast das Rentenalter erreicht hatte, die Leitung des Betriebes auf und zog sich ins Privatleben zurück. Die Firma wurde von einem Konzern übernommen. Bei den Verhandlungen betonte der neue Leiter des Unternehmens zwar, dass er die Beschäftigten übernehmen würde, das würde allerdings nicht ohne einige Veränderungen bei der Gehaltsstruktur möglich sein.

Am 15. Dezember, dem Tag, an dem in den Jahren zuvor immer das Weihnachtsgeld ausgezahlt wurde, wurde die gesamte Belegschaft zusammengerufen. Der neue Chef, Phillip Baumann erklärte in einer kurzen Ansprache, dass die Übernahme des Betriebes so viel Geld gekostet habe, dass er sich außerstande sähe in diesem Jahr eine Weihnachtsgratifikation zu zahlen.

Anna war förmlich am Boden zerstört, sie hatte das Weihnachtsgeld eingeplant. Von ihrem Gehalt war nicht mehr genug für die Fahrkarte nach Hause vorhanden. In der Mittagspause fasste sie einen Entschluss. Sie ging zum Buchhalter und bat um einen Vorschuss. Da hatte sie allerdings kein Glück. Der Buchhalter sagte, dass ein Vorschuss völlig ausgeschlossen sei. „Wenn das Herr Baumann erfährt, kannst du dir gleich die Entlassungspapiere holen", ergänzte er.

Wie an jedem Samstag, wurde auch am 21. Dezember bis 12 Uhr gearbeitet. Anna wusste schon, wenn dann die Arbeit noch nicht fertig ist, wird sie noch länger arbeiten müssen. Damit hatte sie sich von Anfang an bereit erklärt und es war auch an diesem Samstag nicht anders. Als sie ihr Büro verließ, war es bereits nach 16 Uhr. Sie machte einen kleinen Umweg, weil sie an dem Geldautomaten der Sparkasse noch einmal ihren Kontostand überprüfen wollte, in der Hoffnung, dass sie vielleicht doch noch ein paar wenige Euro würde abheben können. Der Kontostand betrug 3,16 €.

Sie hatte keinen Einfall, wie sie eine Fahrkarte für die Heimreise kaufen sollte. Ihre Mutter würde in diesem Jahr Weihnachten mit Maria allein verbringen müssen.

Als sie vor einem Parkhaus stand, überlegte sie, welchen Weg sie nun nehmen müsste, um ihre Wohnung zu erreichen. Um einen größeren Umweg zu vermeiden, konnte sie durch das Parkhaus gehen, dann war sie wieder auf dem richtigen Weg.

Als sie an den parkenden Wagen vorbeiging, sah Anna einen Mann, der gerade aus seinem Wagen ausgestiegen war, sich jetzt zwischen den eng zusammenstehenden Autos einen Weg bahnte und dabei mit seinem hellen Mantel die Karosserie des Wagens abwischte. Er hatte seinen Mantel ausgezogen, besah sich den Schaden und versuchte dann mit einem Taschentuch, das er aus der Hosentasche geholt hatte, den Schmutz abzuwischen. „Das würde ich nicht tun", sagte Anna. „Wenn Sie mit einem trockenen Tuch wischen, verteilen Sie den Schmutz auf eine größere Fläche und reiben ihn noch tiefer in den Stoff hinein." Der Mann sah sie unsicher an und sagte: „So kann ich mit dem Mantel aber nicht weitergehen."

Anna hatte auf dem Weihnachtsmarkt ein Reinigungstuch gekauft, das der Verkäufer als

Reinigungswunder angepriesen hatte. Das nahm sie nun aus ihrer Handtasche und ließ sich den Mantel geben. Sie ging etwas näher auf die nächste Lampe zu und legte sich den Mantel über den linken Arm. Da rutschte etwas aus der Manteltasche in ihre linke Hand. Es war ein Schlüsselbund, das Anna kurzerhand in ihre Tasche steckte, damit ihre Hand wieder frei war. Vorsichtig bearbeitete sie die Schmutzstelle mit dem Tuch und freute sich, dass der Fleck immer mehr verschwand. Sie wendete das Tuch immer mal wieder, wie es der Verkäufer bei der Vorführung gezeigt hatte.

Als sie nichts mehr von dem Fleck sehen konnte, hielt sie den Mantel seinem Besitzer zur Begutachtung hin. Der war begeistert und wollte ihr Geld dafür geben. Anna wollte sich aber die Freude darüber, dass sie jemand geholfen hatte, nicht nehmen lassen und sagte darum: „Lassen Sie mir doch meine gute Tat." Der Mann bedankte sich mit einem freundlichen Händedruck, zog seinen Mantel an und verschwand durch die nächste Tür.

Anna verstaute das Tuch in ihrer Tasche, steckte die Hände in die Manteltaschen und hatte etwas in der Hand, was sonst nicht da war. Es war ein Schlüsselbund. Bei der Arbeit und der Freude über die gelungene Reinigung hatte sie nicht mehr an die Schlüssel gedacht. Schnell lief sie zu der Tür, durch die der Mann mit dem Mantel hinausgegangen war. Er war verschwunden. Da er in mehrere Richtungen gegangen sein konnte, hatte es keinen Sinn, hinter ihm herzulaufen.

Anna ging zurück zu dem Wagen und überlegte, ob sie auf seine Rückkehr warten sollte. Dabei sah sie in den Wagen hinein. Auf der Rückbank lagen hübsch verpackte Päckchen, der Unbekannte hatte offenbar Weihnachtseinkäufe gemacht. Inzwischen war eine halbe Stunde vergangen, er hatte den Verlust des Schlüsselbunds wohl noch nicht bemerkt. Wenn sie nicht den Rest des Tages in dem zugigen Parkhaus verbringen wollte, musste Anna irgendetwas unternehmen. Also schloss sie das Auto auf und suchte in dem Handschuhfach nach einem Hinweis auf den Wagenbesitzer. Sie fand die Zulassung, dort stand: Stefan Berger, Goethestraße 145. Was konnte sie mit dieser Information nun anfangen? Die Goethestraße kannte sie, kürzlich hatte sie Waren in eine Drogerie in der Goethestraße ausgeliefert. Jetzt fasste sie einen Entschluss, sie fuhr den Wagen aus dem Parkhaus, die Schranken waren inzwischen geöffnet und fuhr dann in die Goethestraße. Sie dachte, dass sie das Auto vielleicht der Frau von Stefan Berger übergeben könnte, die sie dann hoffentlich zu ihrer Wohnung fahren würde.

Die Straße war sehr lang. Bis etwa zur Hausnummer 100 standen die Häuser eng nebeneinander, dann wurde die Bebauung weitläufiger. Hier standen fast nur gutaussehende Villen. Als sie die Nummer 145 erreicht hatte, fand sie ein dunkles Gebäude vor. Sie parkte den Wagen und ging auf das Haus zu. Ein Bewegungsmelder hatte die Außenbeleuchtung eingeschaltet. Sie klingelte an der Haustür, alles blieb still. Anna wurde es langsam unheimlich. Sie öffnete die Haustür, sie hatte ja den Hausschlüssel.

Dann hatte sie eine Idee. Sie holte die Päckchen aus dem Wagen und stellte sie ordentlich nebeneinander in die Deele. Sie sah auch im Kofferraum nach, dort fand sie Messgeräte, die sie auch in das Haus brachte. Jetzt nahm sie den Autoschlüssel von dem Schlüsselbund, das sie auf den Garderobenschank legte. Sie fand einen Kassenzettel in ihrer Tasche und schrieb auf seine Rückseite:

Bitte rufen Sie nicht die Polizei, Sie bekommen Ihr Auto bestimmt wieder.
Anna

Dann löschte sie das Licht, zog die Haustür ins Schloss, setzte sich in den Wagen und fuhr los.

Ihr war plötzlich klar geworden, dass es eine Möglichkeit gab, mit diesem Auto zu ihrer Familie nach Polen zu fahren. Diese Möglichkeit hatte sich zufällig ergeben und war nicht von ihr beabsichtigt. Als sie Herrn Bergers Mantel gereinigt hatte, war das ohne Hintergedanken geschehen.

Als Anna in der Nacht die Grenze passierte, war ihr etwas mulmig zumute. Seitdem Polen in der EU ist, wird die Grenze zwar nicht von der Polizei besetzt, wenn aber jemand gesucht wird, ist das etwas Anderes. Sie konnte aber unbehelligt passieren. Sehr früh am Morgen erreichte sie die Wohnung ihrer Mutter. Voller Freude wurde sie von ihrer Mutter und Maria gedrückt und geküsst.

Die kleine Familie verlebte ein glückliches Weihnachtsfest. Zumindest Anna hatte ja lange Zweifel gehabt, ob es in diesem Jahr überhaupt ein gemeinsames Weihnachtsfest geben würde. Am Montag, dem 30. Dezember musste sie zur Inventur wieder an ihrer Arbeitsstelle sein.

* * * *

Stefan Berger hatte eine unruhige Nacht hinter sich. Er war sich nicht schlüssig darüber, ob es richtig war, dass er die Polizei nicht einschaltete. Während des Frühstücks wurde er allmählich ruhiger. Danach zog er sich an, um zu seinem Betrieb zu gehen.

Es war etwas kälter geworden, langsam entwickelte sich richtiges Weihnachtswetter. Die Temperatur war unter null Grad gesunken. Ein paar vereinzelte Schneeflocken tanzten durch die Luft. Stefan kam an einer Litfaßsäule vorbei, auf der ein Plakat seine Aufmerksamkeit anzog. Dort wurde für den Abend das Weihnachtsoratorium von J. S. Bach angekündigt, das in der Christuskirche erklingen würde. Hier gab es eine sehr gute Kantorei. Darum beschloss Stefan, sich dieses Oratorium anzuhören. Das würde für ein paar Stunden seine Aufmerksamkeit auf angenehme Dinge lenken. Er holte den Bauleiterwagen aus der Halle und fuhr damit nach Hause.

Dort angekommen, rief er seine Sekretärin Susanne an und fragte, ob sie Lust hätte, mitzugehen. Susanne war sofort begeistert, genau wie Stefan mochte sie die großen Oratorien von Bach sehr.

Nach kurzer Einleitung jubelt der Chor: „Jauchzet, frohlocket..." Stefan lehnte sich zurück, die Musik zog ihn ganz in ihren Bann. Ein paar Stunden lang konnte er sich von den quälenden Gedanken lösen, ob er sich richtig verhalten hätte. Das hatte natürlich damit zu tun, ob er der auf einen Kassenzettel gekritzelten Erklärung und damit der unbekannten Frau namens Anna vertraute.

Nach dem Konzert ging er noch mit Susanne zu Giovanni, hier wollte er seine Sekretärin in das Geschehen einweihen.

Genau wie sein Sohn David war auch Susanne der Meinung, dass Stefan unbedingt zur Polizei gehen müsste.

Während der Weihnachtstage wurde Stefan durch die Familie abgelenkt, mit der er viel Zeit verbrachte.

* * * *

Am Sonntag, dem 29. Dezember fuhr Anna zurück und war am Montag die Erste in der Firma. Die Inventur dauerte exakt einen ganzen Arbeitstag. Alle Mitarbeiter waren konzentriert bei der Sache. Sie wussten, dass erst Feierabend sein würde, wenn sie mit der Inventur fertig sind. Nur wenige Minuten nach 18 Uhr konnten die Mitarbeiter das Haus verlassen.

Annas erstes Ziel war der Geldautomat an der Sparkasse. Sie gab ihre Eurocheckkarte und ihre Geheimzahl ein, tippte dann auf Kontostand und sah, dass ihr Gehalt bereits auf das Konto gebucht war. Als nächstes fuhr sie mit dem Auto des Herrn Berger zu einer Tankstelle und füllte den Tank wieder auf. Dann fuhr sie den Wagen in das Parkhaus, stellte ihn auf den Platz, auf den Herr Berger auch geparkt hatte und verschloss ihn. Dann verließ sie das Parkhaus. Jetzt fiel ihr eine große Last von den Schultern.

\* \* \* \*

Am Sylvester morgen erwachte Stefan Berger mit dem Gefühl, dass an diesem Tag etwas passieren würde. Er stand auf, trat ans Fenster und sah hinaus. Es hatte aufgehört zu schneien, eine weiße, unberührte Schneedecke lag vor seinem Haus. Jetzt sah er jedoch deutlich, dass eine Fußspur zum Briefkasten und wieder zurück zur Straße führte. Der Zeitungsbote konnte es nicht gewesen sein, die Zeitungsrolle befand sich am Tor an der Straße und der Briefträger kam später. Stefan wurde neugierig, zog sich etwas über und ging hinaus. Fröstelnd zog er den Bademantel fester um seine Schultern, entnahm dem Briefkasten einen Umschlag der Größe DIN A 5 und ging wieder ins Haus.

Er besah den Umschlag, seine Adresse war handschriftlich in Druckschrift auf die Vorderseite geschrieben. In dem Umschlag war etwas Festes. Er drehte ihn um. Auf der Rückseite stand: *Anna.*

Der Kaffe, den er schon aufgesetzt hatte, war fertig. Ehe Stefan den Brief öffnete, goss er sich eine Tasse Kaffee ein. Dann schnitt er das Kuvert auf und entnahm ein gefaltetes Blatt, von Hand beschrieben, außerdem fand er in dem Kuvert den Autoschlüssel seines verschwundenen Wagens und einen Parkschein.

Stefan nahm einen Schluck Kaffee und las:

*Lieber Herr Berger,*

*Zunächst möchte ich mich dafür entschuldigen, dass ich ungefragt Ihr Auto benutzt habe. Dass ich Sie im Parkhaus getroffen und dort Ihren Mantel gereinigt habe, war wirklich ein Zufall. Ich habe das nicht aus Berechnung getan, um an Ihren Autoschlüssel zu kommen. Als ich mir den Mantel über den linken Arm gelegt habe, ist das Schlüsselbund herausgerutscht. Ich hatte es plötzlich in der Hand. Ich habe es in meine Tasche gesteckt, um die Hand zum Arbeiten frei zu haben und wollte es dann wieder in die Manteltasche stecken.*

*Das habe ich vergessen, ich war durch das Gespräch mit Ihnen abgelenkt.*

*Als ich merkte, dass ich das Schlüsselbund noch in der Tasche hatte, bin ich hinter Ihnen hergelaufen, habe Sie aber nicht mehr gesehen. Dann bin ich mehr als eine halbe Stunde in dem Parkhaus geblieben, um auf Sie zu warten. Als ich herausgefunden hatte, wo Sie wohnen, habe ich natürlich nicht gewusst, dass Sie alleine in dem Haus wohnen. Ich wollte das Auto dort übergeben.*

*Als das nicht möglich war, bin ich erst auf den Einfall gekommen, Ihr Auto für die Heimfahrt zu meiner kleinen Tochter zum Weihnachtsfest zu benutzen. Ich hatte nämlich ein großes Problem, ich konnte mir die Fahrkarte nicht kaufen. Die Gründe kann ich Ihnen hier nicht erklären, es würde zu weit führen. Meine kleine Tochter wäre aber sehr traurig gewesen, wenn sie Weihnachten ohne ihre Mutter geblieben wäre.*

*Nun bin ich wieder zurück. Ich habe das Benzin, das ich verfahren habe, nachgefüllt. Der Wagen steht wieder auf dem Platz, wo Sie ihn hingestellt hatten.*

*Für die Schwierigkeiten, die ich Ihnen bereitet habe, möchte ich mich noch einmal entschuldigen.*

*Herzliche Grüße:   Ihre Anna*

# Joseph

Joseph wurde zur Zeit der Herrschaft des Königs Herodes in Bethlehem geboren. Sein Vater war der Baumeister Jakob. Dieser genoss unter den Baumeistern in Bethlehem die für reiche Bauherren arbeiteten, großes Ansehen. Er hatte eine Gruppe von Handwerkern um sich geschart, die unter seiner Anleitung arbeitete.

Auch die Baumeister des Königs hatten von Jakob und seinen Fähigkeiten gehört, die Wünsche der Bauherren zu deren Zufriedenheit auszuführen. Was Jakob außerdem auszeichnete, war das Talent, das aus Stein mit seinen Handwerkern herzustellen, was ein Baumeister oder Künstler auf Pergament aufgezeichnet hatte. Darum holten sie Jakob mit seinen geschickten Handwerkern auch zu den Prunkbauten, die der König in Jerusalem und der Umgebung errichten ließ.

Der kleine Joseph sah seinen Vater selten. Die Erziehung wurde von seiner Mutter wahrgenommen, die ihn auch im Lesen und Schreiben unterrichtete. Als er älter wurde, nahm ihn sein Vater gelegentlich am Sabbat mit in die Synagoge.

Bei einer solchen Gelegenheit wurden Psalmen des Königs David von dem Priester vorgelesen. Auf dem Heimweg erklärte Jakob seinem Sohn, in welchem Verhältnis sie beide, Jakob und Joseph zu dem König David standen: „Mein Großvater Eleasar hat mir erzählt, dass sein Großvater, der Achim hieß, ihm gesagt hat, dass wir von König David abstammen und dass wir das immer unseren Söhnen weitersagen sollen." Der kleine Joseph war natürlich beeindruckt und dachte, hoffentlich vergesse ich das nicht bis ich einmal einen Sohn habe.

Indessen verging die Zeit und Joseph wuchs heran. Besonders viele Gedanken um Josephs berufliche Zukunft machte sich Jakob nicht, denn er gedachte, ihn mitzunehmen auf die Baustellen auf denen sein Vater gerade tätig ist, wenn er groß und stark genug dafür sein würde.

Und so geschah es, dass Jakob seinen Sohn schließlich zur Ausbildung mitnahm. Joseph wurde in alle Fertigkeiten eingewiesen, die man erlernen muss, wenn man diese schönen Bauwerke herstellen will, die sein Vater mit seinen Handwerkern baute. Er lernte, Steine zu bearbeiten, aber auch, was man mit Holz herstellen kann. Da er sehr strebsam und geschickt war, lernte er schnell und bald hatte Jakob einen guten Handwerker mehr in seiner Gruppe.

Dann stellte Joseph fest, dass er oft zu Arbeiten geschickt wurde, die ein besonderes Geschick erforderten. Sein Vater gab ihm dann einen der erfahrenen Handwerker mit. Später ließ er seinen Sohn für solche Arbeiten selbst seine Gehilfen aussuchen. So entwickelte sich in Jakobs Arbeitsgruppe eine zweite Gruppe, die selbständig unter Josephs Leitung arbeiten konnte. Das gehörte zur Ausbildung zum Baumeister, die sich Jakob für seinen Sohn vorgenommen hatte.

* * * *

Als Herodes älter wurde, nach dem Tod seiner Frau Mariamne, für den er allerdings selbst verantwortlich war, verfiel er in einen Baurausch und ließ überall im Land prächtige Bauten errichten. Einige waren als befestigte

Burgen, andere als luxuriöse Gebäude für gelegentlichen oder längeren Aufenthalt des Königs mit seinem Gefolge gedacht. Für diese rege Bautätigkeit brauchte Herodes mehrere Baumeister an seinem Hof, die sich diese Gebäude ausdenken und auf Pergament aufzeichnen mussten. Auch die Auswahl der Bauplätze gehörte zu ihren Aufgaben. Das Wichtigste aber war die Ausführung. Dafür mussten zuverlässige Handwerker gefunden werden, die diese Bauten errichteten. Auch das gehörte zu den Aufgaben der Hofbaumeister.

In der Nähe des Königspalastes sollte auch eine Burg errichtet werden, die der Königshof im Falle eines feindlichen Überfalles aufsuchen konnte. Die Hofbaumeister suchten dafür als Bauplatz Hycrania aus, östlich von Jerusalem gelegen. Was lag näher, als Jakob und seinen Bautrupp mit dieser Arbeit zu beauftragen.

Natürlich wurde der Fortgang der Arbeiten von den Hofbaumeistern regelmäßig beaufsichtigt. Bei einer solchen Gelegenheit erzählte einer von ihnen seinem Kollegen Jakob auch von weiteren Planungen, die es überall im Königreich gab. Gerade hatte er einen Bauplatz für eine ähnliche Anlage wie es diese in Hycrania war, in der Nähe von Nazareth in Japha ausgesucht. Nun galt es, auch Bauleute dafür zu finden.

Jacob erzählte seinem Sohn von dem Gespräch mit dem Baumeister. Er glaubte, dass Joseph in der Lage wäre, solch eine Arbeit zu übernehmen. Beim nächsten Besuch des Hofbaumeisters würde Jakob ihm diesen Vorschlag unterbreiten.

\* \* \* \*

Am frühen Morgen machte sich Joseph mit einer kleinen Gruppe von Menschen, mit Reit- und Lasteseln von Bethlehem aus zunächst in Richtung Jericho. Etwas wehmütig sahen sie zurück auf Bethlehem. Die kleine Stadt lag auf einem Berg und war jetzt im Frühling von blühenden Gärten umgeben. Die Oliven- Feigen- und Aprikosenbäume blühten, dazu die verschiedenartigen Blumen, zwischen dem Felsgeröll. Zunächst zogen sie an Jerusalem vorbei mit den von Herodes errichteten prächtigen Gebäuden. Die Gruppe bestand aus vier erfahrenen Handwerkern, darunter war sein Freund Thomas mit seiner Frau Ruth, ein weiterer älterer Handwerker mit Frau und Kind. Außer diesen Bauleuten, die schon in Jakobs Gruppe waren, hatten sich ihnen noch sechs junge Männer angeschlossen, die unternehmungslustig waren und etwas Neues erleben wollten. Insgesamt bestand die Gruppe aus zehn Männern, zwei Frauen und einem Kind. Von Jericho aus zogen sie in das Jordantal zu der alten Karawanenstraße, die an dem Fluss entlang führte.

Schließlich verließ die Gruppe die Karawanenstraße wieder, der Weg führte nun auf das Gebirge zu. Als sie schließlich die Stadt Nazareth auf dem Berg vor sich liegen sahen, waren alle überrascht von dem schönen Anblick. Wie Bethlehem lag auch Nazareth auf einem Berg. Die in der Sonne leuchtenden Häuser wurden überragt von der Kuppel der Synagoge, die Stadt lag inmitten blühender Gärten, Olivenbäumen und Weinbergen. Die ganze Gruppe war sich einig, hier würden sie sich wohl fühlen.

In den nächsten Jahren hatte Joseph viel zu tun. Die neue Aufgabe als verantwortlicher Baumeister für den Königshof zu arbeiten, erforderte seine ganze Aufmerksamkeit und viel Zeit. Oft dachte er an seine Eltern, aber jetzt wurden seine Mitarbeiter mehr und mehr zu seiner Familie. Besonders Thomas und seine Frau Ruth wurden richtige Freunde und halfen ihm über sein Heimweh hinweg.

Wenn es die Zeit erlaubte, ging Joseph am Sabbat in die Synagoge, wie er das schon als Kind mit seinem Vater getan hatte. Bei einem solchen Besuch der Synagoge entdeckte er ein Mädchen, deren Liebreiz ganz außergewöhnlich war. Joseph war völlig hingerissen, das Mädchen ging ihm nicht aus dem Sinn. Jetzt besuchte er an jedem Sabbat die Synagoge, um dieses schöne Mädchen wiederzusehen. Immer befand es sich allerdings in Begleitung seiner Eltern. Denen war der junge Mann auch schon aufgefallen, der die Nähe der Familie suchte. Joseph hatte inzwischen herausgefunden, dass das Mädchen Maria hieß, die Eltern waren Joachim und Anna. Die beiden Männer, Joachim und Joseph kamen schließlich ins Gespräch, dabei versuchte Joseph, auch mit Anna und Maria zu sprechen.

Joseph erzählte seinem Freund Thomas von dem schönen Mädchen. Ruth und Thomas hatten inzwischen zwei Kinder, einen Jungen und ein Mädchen und den Freunden hätte es gefallen, wenn auch Joseph eine Frau fände.

Joachim hatte natürlich schnell herausgefunden, wem das Interesse des Baumeisters Joseph galt. Maria war ja auch kein Kind mehr, das sich nur in der Obhut der Eltern bewegen durfte. Seitdem sie 14 Jahre alt war, holte sie täglich Wasser vom Brunnen. Dabei hatte sie auch Kontakt mit anderen Mädchen und Frauen. Ihre Mutter schickte sie auch zum Einkaufen auf den Markt.

Am Laubhüttenfest, an dem Maria mit ihren Eltern teilnahm, ergab sich für Joseph die Gelegenheit, Maria mit seinen Freunden Thomas und Ruth bekannt zu machen.

\* \* \* \*

Joseph wartete voller Ungeduld auf Maria. Zum ersten Mal durfte er sich mit ihr allein treffen. Als sie zwischen den Gärten erschien, war

Joseph wieder einmal von ihrer Erscheinung überwältigt. Sie trug eine Obergewand aus feingewebtem hellblauem Leinen. Um die Taille hatte sie einen reichverzierten Gürtel geschlungen, der ihre schlanke Gestalt hervorhob. Ohrringe verzierten ihr reizendes, Gesicht und Reifen klirrten an ihren Handgelenken. Durch die Gärten mit den blühenden Bäumen und Weinstöcken gingen sie hinaus aus der Stadt. Der kurze aber intensive Frühling hatte eine verschwenderische Menge von bunten Blumen über das Land ausgeschüttet. Sie hatten sich an den Händen gefasst und wanderten zwischen Oleander mit ihren leuchtend roten Blüten, Tamarisken mit rosa Blumen, Gruppen weißer und zartrosa Cyclamen, die auf die Wiesen gestreut waren und Storaxbäumen, übersät mit Dolden weißer Blüten. Die Luft war erfüllt mit ihrem Duft.

Joseph sagte, dass er noch nie in seinem Leben so glücklich gewesen sei, wie jetzt in Marias Gegenwart. Sie setzten sich auf einen der zum Sitzen einladenden Felsbrocken, die in unregelmäßigen Abständen auf den Wiesen lagen. Joseph erklärte seiner Gefährtin, dass

er gerne sein Leben fortan mit ihr teilen möch-
te.

Sie trafen sich jetzt häufiger und bei einem
dieser Spaziergänge gaben sie sich gegensei-
tig einen Treueschwur und waren seitdem ver-
lobt.

Eines Tages, Joseph hatte sich eine ganze
Woche auf das Treffen mit Maria gefreut, war
diese seltsam still, in sich gekehrt und sehr
ernst. Auf sein Drängen hin erzählte sie Jo-
seph, dass ihr ein Engel erschienen sei, der ihr
gesagt hätte, dass sie schwanger werden und
einen Sohn gebären würde. Auf ihren Ein-
wand, ihr Verlobter hätte gelobt, nicht vor
Jahresfrist mit ihr zusammen zu sein, hätte der
Engel gesagt, dass der Heilige Geist über sie
kommen würde.

Joseph konnte das nicht verstehen, was woll-
te seine Braut ihm erklären, dass sie von einem
Anderen schwanger war?

Total betrübt ging er zurück in sein Haus, das
er zusammen mit dreien seiner Leute gebaut
hatte und nun auch bewohnte. Er dachte da-
rüber nach, was passiert sein konnte. Wie soll-

te er Joachim erklären, dass Maria schwanger war? Wie sollte er sich jetzt Maria gegenüber verhalten? Seine Enttäuschung war grenzenlos, niemals hätte er Maria Untreue zugetraut. Dann dachte er über Lösungen und Wege aus dieser Situation nach. Das Gesetz schrieb vor, den Priestern Marias Untreue anzuzeigen, dann würde sie ihr Leben verlieren, unvorstellbar.

Thomas bemerkte bei der Arbeit, dass etwas mit Joseph nicht stimmte. Entweder war er krank oder er hatte einen großen Kummer. Er sprach seinen Freund an und dieser erzählte schließlich alles, was ihn bedrückte. Inzwischen war Joseph zu einem Entschluss gekommen. Trotz all seiner Traurigkeit hegte er keinen Hass gegen Maria. Darum wollte er auch nicht, dass ihr etwas zustoßen sollte. Die einzige Lösung, die Joseph sah, war die, Maria zu verlassen. Seine Arbeit an der Burg in Japha war fast fertig, er würde wieder zurück nach Bethlehem gehen.

Auch Thomas war sehr traurig und konnte es nicht glauben, was sein Freund ihm da erzählte. Die Idee, zurück nach Bethlehem zu gehen, gefiel ihm allerdings, er würde dann ebenfalls mit seiner Familie zurückkehren. Anders als Joseph, der seine Reisevorbereitungen heimlich betrieb, bereitete Thomas nun auch seine Rückkehr nach Bethlehem vor.

Thomas redete auch mit Ruth oft über diese Entwicklung bei seinem Freund Joseph. Sie hatten Maria schon immer in ihren Gesprächen als zu Joseph gehörig angesehen. Eines Abends, Thomas und Ruth hatten noch lange bis in die Nacht über die Freunde gesprochen, erinnerte sich Thomas an einen Besuch in der Synagoge und an eine seltsame Aussage die beim Propheten Jesaja steht, die der Priester damals vorgelesen hatte: „Darum so wird euch der Herr selbst ein Zeichen geben: Siehe eine Jungfrau wird schwanger und wird einen Sohn gebären, den wird sie heißen, Immanuel."

Plötzlich wusste Thomas, was ihn im Unterbewusstsein seit Tagen beschäftigt hatte. Schnell zog er sich wieder an und lief zum Hause des Freundes. Natürlich schliefen Joseph und seine Mitbewohner bereits. Er klopfte an die Tür, wollte seinem Freund sagen, was ihm einge-

fallen war. Als auf sein Klopfen niemand ant-
wortete, rief er in das Haus hinein: „Joseph,
fürchte dich nicht Maria zu dir zu nehmen,
denn das von ihr geboren wird, das ist vom
heiligen Geist."

Joseph hatte eine schlechte Zeit hinter sich.
Seitdem Maria ihm ihre Schwangerschaft of-
fenbart hatte und seine Zukunftspläne ge-
scheitert waren, konnte er nicht mehr richtig
schlafen. Nun bereitete er außerdem heimlich
seine Rückkehr nach Bethlehem vor. Er hatte
Maria seitdem nicht mehr gesehen. Darum
wusste er auch nicht, dass sie zu ihrer Base Eli-
sabeth in das Gebirge gegangen war. Das
hatte zwei Gründe, Maria wollte Elisabeth, die
auch schwanger war, bei der Geburt des Kin-
des beistehen und mit ihr über die eigene
Schwangerschaft und ihre besondere Situati-
on sprechen.

Joseph war in einen leichten, unruhigen
Schlaf gefallen, wälzte sich auf seinem Lager
hin und her. Irgendwann hörte er eine Stimme,
die ihn rief: „Joseph, fürchte dich nicht Maria
zu dir zu nehmen, denn das von ihr geboren
wird, das ist vom heiligen Geist." Er hörte die

Stimme, begriff den Sinn, schließlich kam eine große Ruhe über ihn. Endlich wusste er, wie er handeln sollte. Am nächsten Sabbat würde er zu Joachim gehen und ihm sagen, dass er nun Maria in sein Haus holen möchte. Nach Beendigung seiner Arbeit in Japha würde er dann zusammen mit ihr nach Bethlehem ziehen. Danach fiel er in einen tiefen, ruhigen Schlaf.

* * * *

In Rom herrschte Kaiser Octavianus Augustus, sein Günstling Herodes war König von Judäa. Quirinius war ein ehrgeiziger Emporkömmling, den der Kaiser als Truppenführer besonders schätzte. In dieser Eigenschaft hatte er gerade am Taurusgebirge einen Aufstand niedergeschlagen und wurde danach zum Statthalter über die Provinz Syrien ernannt.

Als Augustus nun befahl, eine Volkszählung durchzuführen, kam Quirinius die Aufgabe zu, diese Schätzung zu organisieren. Natürlich ging es nicht nur um eine Volkszählung, sondern vor allem um die Festsetzung von Steuern und Abgaben. Quirinius ließ überall in seinem Einflussbereich bekanntmachen, dass sich jeder an seinen Heimatort begeben müsste, zum Zwecke der Eintragung in Listen für eine Volkszählung. Für die meisten Menschen war das unproblematisch, weil sie sich ohnehin an ihrem Heimatort befanden. Für Joseph und seine Handwerker war das jedoch anders. Sie waren fast alle aus Bethlehem gekommen. Bis auf einige, die in Nazareth heimisch geworden waren, wollten sie aber nach Beendigung ihrer Arbeit wieder zurück nach Bethlehem ziehen.

Diese Anordnung des Kaisers brachte die Pläne, die Joseph für seine Reise nach Bethlehem gemacht hatte, durcheinander. Marias Schwangerschaft war schon weit fortgeschritten. Wenn er nicht mit einem Baby reisen wollte, musste er nun bald aufbrechen. Seine Mitarbeiter hatten natürlich keinen Zeitdruck, sie würden später nachkommen.

Joseph hatte für seine Reise zwei Esel gekauft. Einer sollte das Gepäck tragen, den anderen würden sie als Reittier benutzen. Sicherlich würde er die Tiere führen und Maria meistens reiten lassen. Gelegentlich, wenn Maria sich etwas Bewegung verschaffen wollte, würden sie einmal tauschen.

Sie hatten ihre Reise am frühen Morgen begonnen. Die Strecke war die gleiche, die er vor vielen Jahren mit seinen Männern in umgekehrter Richtung gegangen war. Es ging erst hinunter in das Jordantal, wo die Karawanenstraße am Fluss entlang führte. Hier schlossen sie sich einer Karawane an, die den gleichen Weg hatte, wie sie. In Jericho verließen sie die Karawanenstraße, verabschiedeten sich von den Mitreisenden und bogen auf die Straße nach Jerusalem ein. Hier begann der schwierigste Teil der Reise. Es ging immer bergan durch tiefe, gewundene Schluchten in sengender Hitze, die von den Felswänden zurückgeworfen wurde.

Endlich erreichten sie den kleinen Ort Bethanien am Ölberg. Hier endete die Wüste. Joseph suchte einen schattigen Rastplatz unter einem großen Olivenbaum. Von hier aus hatte man einen guten Blick auf die gewaltige Stadt Jerusalem. Neben den vielen Häusern der Stadt erhob sich rechts der gewaltige Tempel mit seinen vielen Gebäuden, Innenhöfen, Säulen und Arkaden, Türmen, und Kuppeln. Maria kannte Jerusalem zwar von den Besuchen am Passahfest mit ihren Eltern aber noch nie hatte sie die Stadt so in Ihrer Gesamtheit bewundern können. Zudem hatte sie mit Joseph einen kompetenten Führer an ihrer Seite, der gerne die einzelnen Gebäude und ihre baulichen Einzelheiten erklärte. Nach kurzer Rast drängte Joseph zum Aufbruch: „Wir müssen die Herberge noch bei Tageslicht erreichen", sagte er. „Später werden wir bei meinen Verwandten wohnen." Dann brach die Dunkelheit aber doch früher herein, als erwartet. Als sie die Herberge im Außenbereich der Stadt erreichten, hatte der Wirt die Tür bereits verschlossen. Als Joseph klopfte, rief er von drinnen, dass er keinen Platz mehr hätte. Ratlos standen Maria und Joseph vor der Tür der Herberge, dann gingen sie langsam und unschlüssig auf die Stadt zu.

Die Frau des Herbergswirtes hatte von einem kleinen Fenster aus die Fremden beobachtet. Sie sah sofort, dass die junge Frau hoch schwanger war und dass ihre Niederkunft bald, vielleicht sogar unmittelbar bevorstand.

Rasch lief sie hinter den Reisenden her. Sie hatte die Beiden schnell erreicht und zeigte ihnen dann eine kleine Hütte, in denen die

Wirtsleute manchmal Tiere unterbrachten, die aber gerade leer war. Die Tür der Hütte war mit einem Teppich zugehängt. Es gab einige Krüge mit Wasser und auch etwas Heu und Stroh für die Esel. Nachdem die Frau des Wirtes noch eine Öllampe entzündet hatte, ließ sie das Paar allein.

Joseph hatte zuerst die Tiere versorgt und ihnen das Gepäck abgenommen. Dann machte er seiner Frau ein Lager zurecht. Er wollte gerade auch für sich ein Lager bereiten, da begannen bei Maria die Wehen.

Außerhalb der Stadt hatte eine große Herde Schafe und Ziegen auf den Wiesen zwischen

den Gärten gegrast. Die Tiere lagerten sich zum Wiederkäuen. Die Hirten zündeten ein Feuer an, um etwas sehen zu können. Sie besaßen noch etwas Brot und ein paar Datteln und Feigen und setzten sich an das Feuer um ihr karges Mahl zu verspeisen.

Der wolkenlose Himmel war voller Sterne. Als einer der Hirten empor blickte, sah er, dass die Sterne immer heller wurden. Er machte die anderen darauf aufmerksam. Da bemerkten sie, dass es fast taghell war, auch die Tiere sahen jetzt hoch, wurden unruhig. Dann erschienen auf dem Feld einige Männer, die weiße Gewänder trugen, welche von der Helligkeit angestrahlt wurden und selbst auch leuchteten. Einer von ihnen ging nun auf die Hirten am Feuer zu und sagte mit lauter Stimme:

*„Fürchtet euch nicht! Siehe ich verkündige euch große Freude, denn euch ist heute der Heiland geboren, welcher ist Christus der Herr*

**Ende.**

## Der Autor

Johannes Knippschild wurde im Jahre 1935 in Gelsenkirchen geboren. Während des zweiten Weltkrieges wurde die Familie seiner Eltern wegen der Luftangriffe der Alliierten nach Detmold evakuiert.

Nach seinem Studium  in Siegen arbeitete er von 1957 bis 1998 als Diplomingenieur für Wasserwirtschaft.

In seinem Ruhestand betätigt er sich als Autor. Sein erstes Buch, ein biographischer Roman mit dem Titel: Feuer vom Himmel, beschreibt die Nöte der Zivilbevölkerung während der Bombardierung des Ruhrgebietes im 2. Weltkrieg.

Im Jahre 2013 erschien sein Sachbuch, Das Wasser – Quelle des Lebens, in dem das Wasser aus der Sicht des Fachmanns beschrieben wird. Die Grundaussage ist: Ohne Wasser gibt es kein Leben.

Das vorliegende Buch ist eine Sammlung von Geschichten rund um das Weihnachtsfest. Es sind vergnügliche, märchenhafte, historische und fantastische Geschichten, die unterhalten und Freude bereiten sollen.